我為什麼離不開？

Pourquoi suis-je resté.e?

Anne-Clotilde Ziégler

安妮·克洛蒂爾德·齊格勒——著
韓書妍——譯

臉譜書房 FS0188

我為什麼離不開？

高敏感、情感匱乏、習慣與屈從……識破有毒關係中九種掠奪伎倆與八種獵物特質，看清無法離開的原因，透過心像練習擺脫控制

Pourquoi suis-je resté.e ?

作　　者　安妮・克洛蒂爾德・齊格勒（Anne-Clotilde Ziégler）
譯　　者　韓書妍
責任編輯　朱仕倫
行　　銷　陳彩玉、林詩玟
業　　務　李再星、李振東、林佩瑜
封面設計　Bianco Tsai

副總編輯　陳雨柔
編輯總監　劉麗真
事業群總經理　謝至平
發 行 人　何飛鵬
出　　版　臉譜出版
台北市南港區昆陽街16號4樓
電話：886-2-2500-0888 傳真：886-2-2500-1951
發　　行　英屬蓋曼群島商家庭傳媒股份有限公司城邦分公司
台北市南港區昆陽街16號8樓
客服專線：02-25007718；02-25007719
24小時傳真專線：02-25001990；02-25001991
服務時間：週一至週五上午09:30-12:00；下午13:30-17:00
劃撥帳號：19863813 戶名：書虫股份有限公司
讀者服務信箱：service@readingclub.com.tw
城邦網址：http://www.cite.com.tw
香港發行所　城邦（香港）出版集團有限公司
香港九龍土瓜灣土瓜灣道86號順聯工業大廈6樓A室
電話：852-25086231 傳真：852-25789337
電子信箱：hkcite@biznetvigator.com
新馬發行所　城邦（馬新）出版集團
Cite（M）Sdn. Bhd.（458372U）
41, Jalan Radin Anum, Bandar Baru Seri Petaling,
57000 Kuala Lumpur, Malaysia.
電話：+6(03)-90563833 傳真：+6(03)-90576622
電子信箱：services@cite.my

一版一刷　2025年1月

城邦讀書花園
www.cite.com.tw

ISBN　978-626-315-580-0（紙本書）
EISBN　978-626-315-574-9（EPUB）

定價：NT$420

（本書如有缺頁、破損、倒裝，請寄回更換）
Cet ouvrage, publié dans le cadre du Programme d' Aide à la Publication « Hu Pinching », bénéficie du soutien du Bureau Français de Taipei.
本書獲法國在台協會《胡品清出版補助計劃》支持出版。

圖書館出版品預行編目資料

我為什麼留下來?／安妮・克洛蒂爾德・齊格勒（Anne-Clotilde Ziégler）作；韓書妍譯. -- 一版. -- 臺北市：臉譜出版：英屬蓋曼群島商家庭傳媒股份有限公司城邦分公司發行，2025.01
面；　公分. --（臉譜書房；FS0188）
譯自：Pourquoi suis-je resté.e?

ISBN 978-626-315-580-0（平裝）

1. CST：兩性關係　2. CST：戀愛心理學　3. CST：成人心理學

544.7　　113017075

書寫，就是攤開現實。

帶著我滿滿的愛
獻給阿努克
傑瑞米和茱莉

目錄

Part 2

獵物的脆弱／167

前言

在我的諮商中，那些離開受病態型自戀人格者[1]控制伴侶關係的人[2]，會痛苦不堪地意識到在他們身上發生的一切，也就是他們經受的操縱、虐待和不幸。度過難關後，他們才能仔細檢視受害的嚴重性，最後驚呼：「我怎麼會留下來啊？」對這段經歷感到不理解和羞恥是受虐被害者共有的念頭，而且會長期困擾他們。我撰寫這本書主要是為了幫助他們理解這個痛苦的謎團。之後，要了解情況、做出決定並行動時就顯得簡單多了；然而當一個人還在困境中掙扎時，則沒這麼容易。必須要一步步審視曾經走過的路，才能揪出阻礙前進的因素。

此外，周遭的人常常不解獵物們為什麼留下來，有時候獵物在一段有毒關係中太久，以至於旁人認為獵物顯得軟弱、膽小、神經質，甚至在心中默默對獵物下評斷：他一定很愛這種關係吧！這不僅是污辱的表現，更是謬誤，本書正是要證明這一點。「你早點離開就好了！」身邊親近的人有時會這麼想或說這種話，但這正是不清楚陷阱的複雜性，以及令獵物

1 本書中將稱這些人稱為「掠奪者」。
2 本書中將這些人稱為「獵物」。

受困的機制有多麼盤根錯節。

不健全伴侶關係經常發生剝削行為，來自其中的孩子也需要了解來龍去脈，為什麼媽媽或爸爸沒有離婚，或是沒有早點離婚。理解往往能讓人與自己的過去和解，或者至少往和解的方向邁進。

我希望司法人員也能在本書中看到關鍵，因而得以明白在某些離婚案例中所面臨令人摸不著頭緒、反反覆覆的行為、那些他們起初不了解的恐怖事物、相較於一般情形變化更詭譎的衝突（離婚絕少在沒有衝突的情況下發生，該如何察覺兩者之間的細微差異？），以便能用更好的方式陪伴這些特別難熬的分離。

最後則是大眾，即使沒有直接關係，大眾也該明白這個謎團的關鍵：究竟什麼是有毒的關係？什麼是病態型自戀人格者的行為？這類關係的機制是什麼？有辦法預防自己深受其害嗎？如果對一段感情有疑慮該注意什麼？為什麼身陷痛苦且有毒關係的人仍留在其中？

不，獵物並不懦弱。與我們每一個人相比，他們並沒有特別神經質，他們也不是受虐狂。他們只是被困住了，如果脫離了陷阱，表示他們經歷了一場值得受到認可的抗爭。

在第一部分中，我們要了解人們受困於關係中的常見原因，有時候甚至是長期受困。我們要檢視這種有毒關係的主要面貌：誘惑階段和破壞階段的交替、掠奪者為了讓獵物發瘋施展的心力、習慣的影響力（人總是能習慣一切，最糟糕的人事物也不例外）、遺忘、妨礙獵物看清「大局」的持續現象、周遭人們的角色有時造成反效果、物質的束縛、獵物自我形象的崩潰，最後是將獵物與掠奪者連結在一起的愛情……光是這些列舉事項就足以讓我們了解到，擺脫控制並不是如此容易的事。

此外，獵物往往因為過去造成特殊的脆弱性，令掠奪者得以趁虛而入使掠奪更加嚴重。這個特質本身並不能解釋掠奪關係，而是在一般的掠奪機制增添另一個面向。我們將在本書的第二部分探討這些脆弱性。擺脫控制同時也是個人的功課，若是想要避免同樣情況再度上演更該如此！

最後，要特別注意法語的特性，以免以為書中指稱的獵物是女性：「獵物」（proie）是陰性名詞，「掠奪者」（prédateur）是陽性名詞，所以我會分別以陰性和陽性的代名詞指稱。然而，這種掠奪行為在男性和女性身上都會發生，有女性獵物也有男性獵物，而我非常希望後者能夠在我書寫的內容中意識到自己的處境。

還有一個重要前提：不管是異性戀伴侶還是同性戀伴侶都適用這本書的內容，因為掠奪的進程和互動完全一樣。受困者的性別和性向在這種機制中沒有太大關係。

由於有幸長期陪伴獵物，我可以證明，一旦走完擺脫控制的道路，這段經歷往往會讓獵物對幸福的意識、力量與能力獲得成長。然而，這段旅程無比艱難，我們將在本書中理解到：無論男女，願獵物能在勇敢不屈的戰鬥中得到認可與敬意。

Part 1

控制的機制

與病態型自戀人格者的受控關係依循著特定互動關係，有效、長期，也難以察覺，尤其過於迂迴扭曲，以至於任何人都可能被騙倒。若獵物在受困前及時察覺詭計就能逃脫，頂多留下與糟糕對象短暫交往的討厭回憶。但如果時間過了太久，已經建立起獵物－掠奪者的伴侶關係，**嚴格來說**，控制關係的困境就會啟動。

我們將在第一部分中檢視這種困境的機制。之後，當獵物贏得對抗、成功離開，並且終於能夠思考自己經歷的一切時，回歸問題本身、重新檢視並以新的理解方式釐清過程，這對獵物而言會是珍貴的體驗。

掠奪者先離去的狀況非常少見，要不是掠奪者感覺被看穿了，要不就是眼前出現「物超所值」的伴侶，例如更年輕或更有錢的女性或男性，或是更有價值、對掠奪者經驗較少而且深受吸引的對象，畢竟對掠奪者而言無疑更能滿足其自戀。別忘了，這在此處只是關於用處、物化並加以利用。對獵物而言，回想過程以走出並哀悼這段關係是相當可貴的：唯有明白當初為何留下來，才能真正為一切畫下句點。

23
JAN
我好喜歡
你的穿著。

4
FEV
你穿這
什麼衣服？
是要去倒
垃圾嗎？

1 因為我已經搞不清楚在一起的人究竟是天使還是惡魔

破壞──誘惑的交錯

掠奪者忽冷忽熱的態度令獵物手足無措，不再知道該怎麼想與作何期待。一個角色的兩個面貌，哪一個才是「真的」？該如何在令人困惑的情形中找到方向？該走哪條路、往哪個方向去？內心的混亂思緒變得矛盾、令人疲勞。獵物在很長的一段時間裡，將難以看見「大局」，很難一眼看穿自己的處境並釐清大方向，把如此相悖且顯得毫不相容的情況放在一起比較。

初期的魅力

掠奪和其他關係一樣都是從誘惑期開始。討人歡心是正常的行為，包括美化或突顯自己的優點、輕描淡寫或抹去自認為的缺點。這是為了展現自己最好的一面，以取悅有好感的對象。此處是為了指出這條規則，並不是要對這種作法下好壞或道德與否的定論。對孩童而言，學習這些「討歡心」的行為（微笑、牙牙學語、知道如何表現得可愛或惹人憐愛）極為重要，因為這會讓成人想要照顧他們，進而讓他們得以生存。在動物行為學裡，為了吸引伴侶的舉止稱作「求偶行為」，在所有有性生殖的物種中都能觀察到這類行為。

在一段關係的初期，掠奪者會投射出本質實為非自然、虛假的「展示」，而採取正常誘惑行為的人並非如此。

首先，這種展示是出於病態誇張的自戀，這種自戀帶來扭曲與理想化的自我形象，也就是掠奪者展現出來的，希望他人如此認為，而他自己最終也以近乎妄想[1]的方式相信了。

操縱型誘惑也會以受害者的姿態呈現，經典程度不亞於黑色小洋裝[2]。受害者的形象會讓人心軟和憐憫，常引起同情的反應，當獵物對他人的苦難敏感時更是如此。一九八〇年代的電影也是這般，脆弱甚至受傷的非正統派主角，比眾人所習慣陽剛堅強的主角更能擄獲人心。牛仔落淚時，女士們的心也飛向他。因此，當掠奪者扮演受害者的角色時，獵物會為其不幸的境遇而動容，獵物以為掠奪者因為信任而展現自身的缺陷和痛苦，從中感覺受到重視。

1 這是我稱之為「輕度妄想」（subdélire）的一部分。
2 依照克里斯汀．迪奧（Christian Dior）所見，衣櫥裡絕對要有一件……。

在女性方面，受害者姿態可以是扮演柔弱小女人（這也相當經典，但幸好有點老掉牙了！），等待被白馬王子拯救的同時勇敢奮鬥著。有些女性掠奪者會花時間培養這個角色，設法保持無助又沒有資源。當潛在獵物（收入優渥的男性，最好較年長）出現時，很容易就會被眼前脆弱（而且年輕，這點很加分）的人感動，拯救掠奪者會讓他覺得自己強壯、有男子氣概，而且他的作為（盡可能幫助這名可憐的女孩）不僅是好事，還為他的生命帶來意義。誰會拒絕如此絕妙的心靈仙丹呢？誰又能察覺到如此低微、毫無防備的姿態下其實充滿計謀？

最後，男性和女性掠奪者是精通分辨如何取悅並迎合未來獵物的高手，哪怕是扮演全然虛構的角色。知識分子會找到對其言論和思想充滿熱情的伴侶（但並不會長久）、熱愛老件的人會認識樂意在挖寶中度過星期天的另一半（不久後同樣的活動卻會引起吵架）、有孩子的女性會邂逅細心周到的理想繼父（直到他變成孩子的迫害者）、球迷會被同樣熱愛球賽的稀有女性球迷擄獲（直到她總是在電視播出球賽的晚上搞破壞），而死硬派的大男人則會拜倒在對自己稱讚崇拜有加的溫順女子魅力下（直到她搖身一變成為任性的凶悍女人）。

這些初期的共度時刻會為獵物留下美妙迷人的回憶，使其很難將這些視為幻覺。

破壞階段

當獵物上鉤，對這段關係投入到難以脫身時，病態型自戀人格者終於可以摘下面具露出「本性」，也就是嫉妒（充滿敵意的欲望是驅動他的主要情感）和破壞[3]。他靠著犧牲他人，尤其是他的獵物，以維持自身的病態自戀，這種自戀是假裝而成的，因此很脆弱，誤以為破壞力就是權力。例如他可能會變得愛批評、貶低，一開始很隱晦（你不覺得這件裙子對你的年紀來說有點太短嗎？），然後愈來愈激烈（你打扮得像個老妓女！）。他對獵物的注意力降低，像是訊息減少、送到床邊的咖啡變少、花束變少等等，最後演變到完全不再為獵物著想：獵物睡覺時也繼續開燈或發出噪音、不回家也不事先告知等。若發生嚴重爭吵，他會要求對方提供更多服務、金錢、性，把獵物當成奴隸般呼來喚去。

若獵物因為憤怒或心灰意冷而想要結束這段關係（相當常見），掠奪者就會回到最初的「迷人」模式，也就是體貼殷勤、熱情或撒嬌，同時不忘受害者的哀嘆。他會重新開始讚美、重視獵物，認可他做的一切、感激他、送禮物、發誓永遠愛他、提議並以一趟旅行或

3 我在《病態型自戀人格者，脫下你們的面具！》（*Pervers narcissiques, bas les masques !*，2015，Solar）和《病態型自戀：假面閨密、危險情人、慣老闆、控制狂父母、親情勒索……法國頂尖心理師教你如何從50個日常生活場景破解自戀型人格疾患，從有毒關係中重生》（*Pervers narcissiques - 50 scenes du quotidien pas si anodines pour les démasquer et leur faire face*，2021，麥田）中描述過這種破壞傾向。

是獵物喜愛的東西當作禮物，他會再度尊重獵物的睡眠、不再以性索求糾纏他，而是傾聽獵物，並且向他保證可以慢慢來……。有時候掠奪者會為先前的行為道歉，甚至假裝意識到自己做錯了，同時加上讓人萬分不捨的受害者辛酸解釋，以軟化獵物的心。如果能留住獵物，就證明可以任意折磨他，反正只要暫時戴回誘惑的面具就能讓他留下來。

這種態度大轉變會對獵物產生許多影響，也可幫助我們理解他們留下來的原因。

破壞—誘惑的交替與影響

我愈得不到的，感覺愈好——對比：不自然的強度

首先是破壞時刻和誘惑時刻的對比，使得誘惑更加強烈、「有魔力」，有點像肚子餓扁或口渴得要命時，一顆蘋果或一杯水都像至高無上的享受，或者同樣的光線，在夜裡比大白天顯得更亮。獵物在關係初期得到很多（也就是大名鼎鼎的**愛情轟炸**[4]，可以將之形容為進入某個宗教，也是毒販讓你上癮的免費毒品），然後突然發現自己失去一切，並漸漸受到惡劣對待；對比之下，最普通、甚至微不足道的客氣或善意舉動，在他眼中都顯得比在普通伴侶關係中更加強烈、仁厚。若我的患者或病人覺得伴侶親切打招呼是非常開心的事，這時我的心裡常常會拉起警報。

誰能不為如此不幸的人動容？利用受害者姿態操控博取同情

受害者的誘惑，也就是以受害者的姿態留住獵物，依照該行為引發的憐憫和愧疚，尤其是在一連串破壞行為後的埋怨會讓獵物更加不知所措，這也是出自對比。所以這些激烈言行是由於受傷、悲慘過往、無盡痛苦而引發的嗎？於是，受到一股同情心驅使的獵物便留下來照顧掠奪者，或是男性獵物被脆弱的小女孩感動，便留在「氣勢凌人的纖弱小花」身旁，一如喬治．巴桑斯（Georges Brassens）的歌詞。

一切停止的感覺真好：緩解

或許你聽過一個男人總是買太小的鞋子，因此痛得死去活來的故事？某天，一個朋友問那男人這番奇怪行徑的原因，男人回答：「喔！因為脫下鞋子的時候實在太舒服啦！」這則故事除了是個笑話，也完美詮釋了獲得緩解時的暢快。

獵物往往因為這段關係中沒完沒了的沉重壓力與不時發生的激烈場面而疲憊不堪。因此當一切停止時，感覺真好，就這麼簡單。獵物利用這段平靜的時間恢復氣力，因此不會引發

4 愛情轟炸：英文為love bombing，用來指稱這種操縱。

戰爭，也就是分開。

我不再明白究竟是怎麼一回事，我一定漏掉什麼了吧：困惑

很多時候，在一連串破壞行為後，掠食者會一臉若無其事地回來，然而這種「若無其事」的態度正是機制根本。難以理解這種態度的獵物，最後或多或少有意識地做出結論：如果自己不理解，那就代表自己才是有問題的人。至少獵物會誇大情況，畢竟在掠奪者眼中一切顯得如此正常。無論如何，獵物寧願認為是自己不理性或不正常，而不是放棄一切再度好轉的幸福時刻。

從現在起，一切都會變好的：重燃希望

男性或女性掠奪者恢復講道理、甚至迷人的特質，喚醒了愛與希望：獵物再度感受到初期的悸動與美妙，在這段讓他經歷暗夜與風暴關係的對比下，這些感受變得不自然地強烈：經過漫長的等待後，一切都顯得更美好，走出陰影時，陽光也顯得更加耀眼。獵物開始幻想從此情況將會好轉，雨後終會天晴。緊繃的關係似乎緩解，那又何苦錯過一切呢？大家總說，希望讓人得以活下去，然而在這裡只會通向折磨，晴天並不會長久。只要獵物恢復氣力，尤其是重新投入感情，只要一件小事就足以讓熊熊戰火再次燃起，掠奪者將再度開始破

壞。直到下一次……在很長的時間中，獵物無法看清這一點，他會困在不切實際的希望之網中許久許久。

我看不見「大局」：分裂

破壞－誘惑交替的最終後果最具破壞性，也就是「分裂」：每一次，獵物的內在一致性都會受到動搖。舉例來說，夏天正炎熱時，很難想像穿上衣櫃深處的羊毛衣物而沒有絲毫不舒服。反過來說，在毛衣、大衣和手套勉強能夠保暖的冬天時，看著夏天的衣物，只有夏季炎熱的朦朧印象，但無法真正想起「太熱了」是什麼意思。誘惑－破壞的交替就是類似的機制：一切都很好的時候，對方呈現理想伴侶的模樣，關係似乎能夠融洽持續；獵物陷入白日夢，發想計畫、努力維持浪漫愉快的記憶與白日夢。諸事不順時，獵物默默舔舐傷口，制定計畫以便被理解、復仇或離開，這時他的白日夢會把他帶往別處，直到稍後一切結束。然而，這些白日夢、內心敘事和其他計畫都是構成我們敘事認同[5]的一部分：因此，獵物在這段關係中的認同受創，在其身上產生混亂、不安和不穩定，成為憂鬱症的溫床，並使獵物認為自己瘋了或是不正常。這讓獵物認為自己沒有準備好能堅決地離開。於是他留了下來，有

5 尚－克勞德．考夫曼，《當我是另一個人》（*Quand Je est un autre*），2012，Pluriel。

時候會停留很久。

擺脫破壞—誘惑交替影響的過程與困難

即便困難，仍必須指出，獵物最後往往會成功脫離這段關係，這是非常勇敢的行動。我們可以看出獵物邁向離開的幾個時刻，有時候這個過程未能完成，獵物仍「受困」於控制中。

1. 脫離分裂

獵物在一開始會經歷黑白分明、沒有灰色地帶的伴侶關係：非常好或是非常糟糕。我的一名女性患者總是會花三、四次諮商告訴我一堆恐怖的故事，然後在第五次諮商時表示自己不能再繼續說伴侶的壞話。

有一天，她意識到誘惑階段和破壞階段的規律輪替，由於她的處境複雜，過去不曾發現，直到當下才注意到沒有一次快樂時期後是徹底擺脫陰影的，這和她每一次希望的相反。她愈來愈明確地認清，最可能的未來就是繼續冷熱交替（事實上，獵物陷得愈深，開心的時期也會愈少），但單單有這股意識還不夠。即使內心拉鋸，希望並不會因此消失。

2.尋找對方的「本性」

意識到關係中的起伏會永遠交替下去時，獵物會問自己另一個問題：哪個才是掠奪者的「本性」？長久以來，獵物堅信掠奪者的家世背景良好，或者只是有些小問題的好女孩。獵物必須累積經驗，也就是需要時間，才能確定掠奪者可怕病態的真面目，而且不會改變。這股懷疑會持續許久。我們愛著的或是曾經愛過的人竟然如此陰暗、虛假、狡詐不擇手段，而我們卻無計可施，愛情和對話也無效，這種狀況是無法理解、難以想像的。

3.抵抗對哀悼的理想化

一旦做出分手的決定，獵物就會開始哀悼，和所有的分手沒有兩樣。一如賈克・普維（Jacques Prévert）所言：「幸福離去時發出的聲音，才讓我知道幸福為何物。」這句話突顯出人往往在失去後才意識到曾經擁有的重要。哀悼中也有同樣的現象，理想化與對方度過的各個階段，浮現的盡是美好回憶，隨之而來的則是疑問與試圖和現實談判。對方真的如此陰暗嗎？獵物再度隨著懷疑和悔恨起舞，如果回到樂不可支的掠奪者身邊，更會再度經歷一連串大起大落。

然後有一天，在經過多次的來回、懷疑、猶豫後，獵物終於離開這段關係。在本章結束時，我們已經了解到，必須非常清醒、諸多勇氣和決心才能走到這一步。不過，還有其他原因有待深入探討。

轟隆隆

你就不能跟
我說那裡有
根柱子嗎？

2 因為我接受被質疑

投射和推卸譴責

掠奪者有誇張的自戀傾向，因為他很脆弱[1]，脆弱則是因為他的誇大[2]。為了維持理想化的自身形象，他不能承認自己可能弄錯或犯錯。因此，他必須找個人為出錯的事承擔責任，並且耍各種在對方和自己眼中都非常可信的手段，為自身的錯誤指責對方。這樣一來，他的自戀就安全了……此外，掠奪者會犧牲對方以提高自己的身價：一旦深信是對方的錯誤或過失，他更能大力抨擊，擺出自命不凡的憤慨態度。由於這種手段對他而言非常有利，所以他為此投入許多精力。

1 他試圖虛構一個無所不能的角色，以彌補自我認同的脆弱；精神分析家稱之為「自我和理想自我的融合」（de fusion de moi et de l'idéal du moi）。

2 他的姿態是裝出來的，必須不斷堵住被現實所揭露不完美的人性缺口。

一切都是我的錯：
指責獵物以及對其的影響

因此，策略的核心運作方式就是推卸譴責（也就是投射），目的是幽微地指出失敗或造成問題的是對方，而事實上病態型自戀人格者才是該為錯誤或過失承擔責任的人。在這種情況中可以發現「不是我，是你」、「你才是啦」以及其他本應出現在操場上的爭吵內容。在成人的年紀，這種推卸譴責的情況就不那麼好玩了：病態人格者並不是嫉妒，而是對方太富有、長得太好看，或是太聰明、太有成就，因此他任由自己被充滿嫉妒心的敵意牽著走（強暴不是我的錯，是她先勾引我的）。

我們會認為：掠奪者說錯了、他的論點站不住腳，獵物會發現這一點並否認他的指控。但現實複雜多了。剛開始時，獵物通常會大聲駁斥、反對。這對病態型自戀人格者而言是一場豪賭，這關乎維持他根本的心理平衡，因此會用盡所有精力捍衛自己。然後是一連串荒唐誇張的吵鬧，最後讓獵物長時間內不敢再反駁。獵物因而學到什麼都不要說，甚至願意承擔不屬於他的責任以換取安寧。

接著，由於掠奪者的不實論點以及態度突然一百八十度大轉變造成的情緒緊繃，可能會令獵物憤怒（他太誇張了吧！又不是我的錯）、苦惱（要是他又激動，那我們又要鬧脾氣好幾個小時或好幾天了）、恐懼（我擔心自己的人身安全），最後逐漸產生懷疑（如果他是對的怎麼辦？）。強烈的情緒令獵物腦袋無法清楚思考。

一段時間後，獵物感到迷惘、不知所措，做出所有人類在失去方向時會做的行為：呆站在原處。於是他留了下來。

我覺得內疚又羞恥：進一步檢視推卸譴責的兩種基本手法與其作用

病態型自戀人格者推卸譴責他人的手段很多，罄竹難書；人類的創造力無限，好事和壞事皆是如此。不過還是可以辨認出一些常見的機制。[3]

都是我的錯：罪惡感

在推卸譴責的手段中，是以責怪獵物使其產生罪惡感，責怪的內容則用來為掠奪者的錯誤開脫：「如果我這樣做，那是你的錯。」舉例來說，如果掠奪者沒吃到可麗餅，是因為獵

3 我在《病態型自戀：假面閨密、危險情人、慣老闆、控制狂父母、親情勒索……法國頂尖心理師教你如何從50個日常生活場景破解自戀型人格疾患，從有毒關係中重生》一書中，對這些手段已有充分的舉例與解釋。

物在那之前請他幫忙拿放在高處的密封罐，或是因為獵物沒買適合的麵粉；如果她在踏進小船的時候摔進湖裡，那是因為他失職，沒有提醒她、接住她；如果他在停車時弄傷了擋泥板，那是因為她沒有提醒他那裡有根柱子……。

罪惡感來自同理心：設身處地為對方著想的能力，使我們能夠想像自己某些行為或許造成了對方的損失。從這方面來說，罪惡感是必要的，有如響起一個信號，讓我們能夠對自己的作為做出應對（répondre），也就是法文中「責任」（responsabilité）的字源。不幸的是，我們太容易在未經判斷的情況下，便因為習慣而陷入罪惡感。也就是說，這是很容易轉動的發條：一個人以受害者姿態怨懟，就會自動引發另一個人的罪惡感。這些習慣的形成源自於為人類文化增添色彩的三大一神教信仰：人類史從原罪開始，我們就是原罪的背負者。這對往後的人類而言真不是個好預兆！隨後，這順理成章地成為常見的教育手段：如果孩子吃馬鈴薯泥能讓媽媽高興，而他不吃會讓媽媽傷心，那麼即使孩子不餓了也會繼續吃……而且他會習慣承擔他人的滿意與否，尤其是對他而言很重要的人。

因此，即使我們絕少對他人的不幸有責任（若有人以自己的觀點，想著對我們有害的念頭，我們又能如何呢？），我們卻會為此感到內疚。然而，掠奪者會以難以察覺的方式不斷告訴獵物，一切都是獵物的錯，包括自己長期以來的不滿。多數時候，獵物會接受這個論調並感到不知所措，然後承擔更多所謂的責任，讓掠奪者感覺好過一點。

獵物被指要為一切負責：這是把獵物放在無所不能的處境，但不過是反映出病態型自戀人格者心理世界的投射。

除了單純的習慣，還有另一個原因讓獵物自願且長期接受罪惡感：如果他有罪惡感，是因為自己與對方的不幸有關，那麼他就可以盡一份心力。於是他會盡其所能地取悅掠奪者，希望能夠改善狀況。獵物懷抱希望，認為自己一定能給掠奪者「點點雨珠，來自從不下雨的國度」[4]。他會「努力」改善自己的溝通能力。在所有伴侶關係的心靈成長書籍、從人生教練到朋友各式各樣的建議中，從改變自己做起是再明顯不過的事了。

只要獵物相信自己可以讓事情變好，他就會留下來，一邊巴望掠奪者原諒並認可自己的作為。

當我在他的眼中看見自己時，我覺得很羞恥：羞辱[5]

若說罪惡感與一個人的作為有關，那麼羞恥感則與人本身有關，是關於整個人、其無形的本質（或是羞辱者挑明的特質），代表否定一個人與他的某些特質。

4 出自雅克．布雷爾（Jacques Brel）的歌曲〈Ne me quitte pas〉，歌詞原文為「des perles de pluie／venues d'un pays／où il ne pleut pas」，© Warner Chappell Music France, les Éditions Jacques Brel, 1959。

5 羞辱是指責某人使其感到羞恥的行為。

羞恥是極為有害的情感，來自當我們感覺暴露在某人（或某個人類群體）的目光下，評判我們是否符合他們定義的正確體面（對方的標準）。這種評判可能帶有侮辱性，像是嘲諷、刻薄的評論、輕蔑的神情、重複的惡意批評（達到霸凌的程度）、唾棄或象徵性的貶低（例如排除在群體之外，或是剝奪公民權利）。感到羞恥，就是感覺自己被烙上丟臉和屈辱的印記、感覺自己被定義為價值較低的人，甚至因為自己的身分而遭到驅逐。人類是群居動物，這種否決無疑是宣判死刑。

批判的目光可以是真實的（某人或某群體實際上看著受羞辱者）或內化的（受羞辱者認為有人盯著自己）。

羞恥感可能來自不同情況。

- 發現自己的言行舉止不符合群體規範時（沒有適合的服裝、適合的車、適合的體態、適合的意見等）。
- 在意想不到的情況下被看見，因而無法控制自己的社會形象，也就是有他人在場時的言行舉止（有人不小心闖入浴室或廁所、正在挖鼻孔的時候發現辦公室或廚房裡有其他人，或是剛剛放了響屁或打響嗝）。
- 做出關愛舉止卻被打斷時（這就是孩子送給媽媽的圖畫沒受到半點重視時的感受，也是情人遭到無情拒絕時的感受）。

- 顯露自身脆弱卻受到批判時（例如傾訴心事，或是在性行為中無法控制）。
- 隱私受到侵犯而陷入脆弱或不雅狀態以便示人，被批判或嘲笑時（簡而言之，被羞辱）。

羞辱的經歷極為有害，會導致人們想要躲起來以逃離他人的目光（鑽進地洞），有時候甚至導致死亡……。

羞辱的目光非常殘忍，因而會造成創傷、牽涉到生存的關鍵（是否屬於一個群體），並深深烙印在曾經歷羞辱的人心靈中。例如被說太胖而在學校遭到欺負的女孩，體重不再困擾她。她會將體重內化到她的自我肯定：她不夠值得被喜歡，因為她不符合所屬群體規定能夠成為「很棒的人」的標準（我覺得必須很瘦才能成為很棒的人，可是我太胖了，胖到沒救，所以我不可能成為很棒的人）。正因如此，她認為自己應該被拋棄、被群體排斥，甚至不值得活著（沒有人會喜歡我、愛我，或是覺得我漂亮，我充其量永遠是備胎，我好恨自己）。她因此變得意志消沈，無法跳脫這種思維。

可以想像，掠奪者一定會大大利用羞恥感鞏固自己的控制。為了達到目的，他會使用各種手段，像是擅自干涉並羞辱、想方設法讓自己的惡意批評顯得像普世標準、輕蔑或嘲笑對方的脆弱時刻（例如性羞辱）等等。

獵物的自我形象和社會認可都受到影響，自我肯定降到最低點，因此無法促使他離開。

然而，主要機制在他處：羞恥感是由他人的眼光造成的，因此他人也有解除羞恥感的能力。驅逐者最有能力讓被排斥者獲得平反。因此獵物留下來，指望透過努力證明掠奪者搞錯了，或證明自己進步到足以恢復名譽，以便再度被接受。他留下來，盼望掠奪者能把從他身上奪走的東西還給他。

可惜，獵物要等很久很久。

脫離推卸譴責與質疑的影響之進程與困難

要離開這段關係，獵物需要將事物撥亂反正，恢復自身的思緒、一致性與尊嚴，理解並承認眼前的情況。他也必須放棄改變事態的可能，放棄被理解和滿足對方。這個過程很艱難，不過許多人都成功了。

1.重新思考

意識到關係中的異常

當我們的情緒受到刺激、處於激烈狀態時，首先必須做最困難的事：抽離情緒，在內心找一個能夠保持清醒的範圍。通常是在與掠奪者暫時分開，甚至是和另一群（沒有掠奪者的）「正常」人來往時，才終於能夠拉開距離，透過對比以看見和掠奪者發生的一切其實是不正常的。這也是為何掠奪者絕少讓獵物與其他人往來，尤其是親近的人，因為獵物有可能恢復理智。

這些親友必須沒被掠奪者趕跑，或是被他的迷人表現拉攏，並且對事態感到擔憂……。安撫、帶來希望、把事情合理化、恢復正常、以改善為目的提出建議，這些都是獵物周遭的常見態度，而且往往對伴侶關係有助益，但在此處卻對獵物有害無益。在不出錯的情況下察覺到病態型自戀人格者並非易事。運氣好的話，也許有人最後會皺起眉頭或露出吃驚的態度，引起獵物的警覺：眼前的情況並不正常……必須接受此一事實。牽涉到情侶關係時尤其困難。

理解掠奪者和控制的心態

擺脫束縛還需要理解病態型自戀人格者的運作方式與控制關係。要做到這一點，書籍、電影、影片和其他資源都極為寶貴。正在脫離控制的獵物會大量「吸收」這些資訊以找到解釋，令他們鬆一口氣並且得以繼續前進，即使這些解釋有時候會讓獵物的內心天翻地覆。

許多獵物在懷疑和確信之間謹慎地徘徊、猶豫，因為這些資料顛覆了他們對事態的解讀。這種懷疑是健全的，因為並非所有惹人厭的傢伙與其他討厭鬼都是病態型自戀人格者：這可能是其他的心理動力（請見附錄，282頁），有時則是「平凡無奇」的伴侶衝突，對於後者，在自己的人生課題上努力、質疑並承擔自己的部分責任將有助於重新建立融洽和諧的關係。做出判斷是一項細緻的技術，需要長期學習並以經驗為養分：無論身為新手，抑或是球員兼裁判，下定論都不是易事。所以，有時候獵物會前來諮詢以便「確定」自己確實碰上病態型自戀人格者……。

即使不再有疑問了，仍然必須承認對方的病態動力，而這也並不容易。有時候心理醫師反而會遭到非難，被指責是心理專家所以看誰都是病態型自戀人格者，點出問題也解決不了患者的困境，而且大家都知道心理醫生是神經病……。

區分感覺愧疚的受指控原因

要擺脫不由自主的罪惡感，光會區分還不夠，但這是不可或缺的第一步。為了學會區別，獵物可以盡快並且盡可能每次記下（用紙筆或智慧型手機的記事本真正記錄下來）產生罪惡感的時刻，像反射動作那般，以便在情緒消退、有心力的時候查看。獵物也能回顧自己面臨的愧疚時刻，可以在散步、下廚或打掃等體力活動進行，或是搭汽車、火車的時候，盡可能記錄下來（讓獵物不得不寫清楚），以找出真正因獵物引起的異常。仔細觀察，就會發現其實這種情況非常少。

更深入地說，放棄內疚感就等於接受自己的無能為力，而這很可能就是最大的癥結。確實，若我有罪惡感，那是因為我有部分責任，因此我必須盡些努力，但如果我的罪惡感是假的，那代表我無能為力……唉！體認到自己無力改變痛苦的處境需要時間，接受這一點更需要時間；有些人說，智慧是需要時間的。

剖析羞愧的原因

為了擺脫羞恥，也為了重新找回自我認同和價值，獵物必須思索掠奪者是基於何種規範羞辱自己：例如，喜歡熟肉醬（或喜歡任何可能被認為丟臉或可笑的東西）、大聲笑、有情緒、喜歡以某種方式達到高潮、有某種身體特徵，真的那麼糟糕嗎？

對於這一點，其他人的觀點和意見非常有幫助（就定義上而言，這是社會的標準）。信任的朋友或親人強而有力的支持，能幫助重新建立自我接納與開放寬容的規範。

難處在於，羞恥逼得我們不得不隱藏（有時甚至對自己也是）激起羞恥感的確切因素。再者，必須足夠信任他人，才能勇於「承認」引發羞恥的某些面向，更不用說極為私密的話題有多難以啟齒了，像是自己的身體構造、性癖好等等。因此，獵物有時候會帶著揮之不去的羞恥感留在關係裡很久，這股羞恥甚至令他喪失擺脫這份關係的欲望：既然自己帶著「令人厭惡」的特質，那又有什麼意義呢？至少掠奪者知道這個特質，而且他似乎也勉強湊合了。

相信自己的念頭和直覺

掠奪者推卸譴責對方的態度，彷彿將獵物「趕出」自己的腦袋。一般來說，獵物是理所當然同意受到質疑的人，因為他們能感受到懷疑和細微的態度變化：當獵物在情緒不安的情況下，面對充滿攻擊性的惡意論調時，這項特質會讓他們處於弱勢。

雖然獵物不可能變成武斷且不容易動搖的人，但重要的是，他必須學習對自己的想法有信心，寧可冒著出錯的風險，也不要全盤聽信對方，任由對方控制自己。即使獵物意識到自己並非無所不知、無所不能，頂多看起來有那麼回事（就像大家一樣），但是決定從現在開始忠於自己相信的事物，這點至關重要。換句話說，獵物必須學會在自己的疑慮與掠奪者灌輸的疑慮中，分辨出哪些是不合理的。掠奪者是否會質疑食譜、某首歌的歌詞，或是直角三角形斜邊的平方？獵物可以在網路上確認這些資訊。掠奪者以對自己有利的方式改寫過去時，獵物可以查看戶口名簿或照片背後的日期，以證實自己的記憶。也可以詢問掠奪者的貝特姑姑、奧斯卡叔叔，或是女性友人露易絲，總之問問信任的人對他的說法有什麼見解（但不要說和掠奪者的爭執有關）。獵物可以閱讀與自己的生活態度有關的哲學、生活哲學或心理學叢書。慢慢地，在小事情上重新建立對自身想法的信心，面對掠奪者的假話或詭辯時，比較不容易失去連貫性，而這是獵物身處混亂中的一大挑戰。

2. 改變對這段關係的態度：放棄

也許你知道人和狗玩的拉扯遊戲（這個比喻裡沒有隱含任何對狗或人的侮辱）：玩這個遊戲需要一塊堅韌的布，狗用尖牙咬住一端，人類則抓住另一頭，然後雙方開始用力拉扯，試圖讓對方放開，對雙方而言都非常好玩。人類不想再玩的時候，可以選擇兩種策略：要不是從狗嘴裡拿走布，沮喪的狗會繼續吵著要布，或者想辦法搶走布；要不就是人類放手，狗會發現嘴裡掛著一塊布，就不會再有興趣了。通常狗會嘆一口氣並鬆開毯子，遊戲就結束了。

在我們所處的關係中，放棄相當於同樣的舉動：鬆手，把對方和他的狡辯、貶低、激發罪惡感和其他愧疚感的手段丟在一邊。一般來說，這麼做極為困難，因為掠奪者很擅長瞄準獵物的弱點，也就是容易受傷的點。能夠放棄，就是已經稍微離開這段關係，明白這些狡辯並不是用來了解彼此，而是為了占上風、讓對方屈服、操縱對方。矛盾的是，唯有放棄，才能讓獵物重新得到力量。

放棄爭論

只要試圖和病態型自戀人格者爭論，就是進入一個無法全身而退的過程。兩個當事人的意圖截然不同：獵物的意圖是捍衛自己，否認不實指控與不符合事實的錯誤論點；掠奪者的意圖則是要不擇手段地指控對方，不惜人身攻擊、扭曲事實、支持近乎妄想的理論，訴諸如今我們所謂的「另類事實」。因此，找出事實與合理論點的堅實基礎、被傾聽、理解、進行有建設性的討論，都是無法實現的目標。唯有放棄辯解，才能放棄爭論，可以見得這有多麼困難；唯有意識到對話者並不是在追求對話，而是透過所有能想像到的手段徹頭徹尾地指控獵物，才有可能放棄；唯有意識到眼前並不是一般對話者，而是病人，遭受由來已久的痛苦，而我們對此無計可施。需要時間、智慧以及自制力，才能得出這個結論、達到這個境地。

放棄滿足對方

要打造和諧融洽的關係、表達愛意、想取悅伴侶是很正常的，因為有時候我們自己也能從中得到快樂，以表明我們是很棒的人，或是值得被愛（即使這份動機較為可疑，或是神經質）。掠奪者正是利用這種奉獻情感[6]，建立永不滿足的專制，長期促使獵物不斷做得更多，而獵物努力達到的目標（也就是伴侶開心滿意）就像不斷後退的地平線。停下這場注定失敗的比賽唯一方法就是放棄，同時也放棄和諧融洽、放棄「付出的快樂」、放棄證明我們值得被愛、放棄以這種方式表達愛意。這種放棄是痛苦的心死，獵物當然不願這麼做。

6 奉獻情感：將他人的需求放在自身需求之前的精神（拉魯斯字典）。

7 娜塔莎．卡列斯泰梅（Natacha Calestrémé）受到薩滿工作啟發，探討「奪取靈魂」的概念。請見《沉默的傷痕》（*les Blessures du silence*，2018，Albin Michel）。在這本小說中，她提出一種「復原靈魂」的方式。

放棄修復

有人曾說，得到寬恕時，罪惡感較容易退去，而當一個人的尊嚴受到羞辱者修復時，羞恥感也能輕易消散。獵物盼望來自掠奪者的修復，然而只要有盼望，就是給掠奪者權力。因此必須放棄這一點，即便感覺掠奪者奪走了某些東西[7]（並非完全錯誤）。重點在於不要盼望從他手中奪回這份權力，同時也想辦法找到不依賴掠奪者的出路。

除了前面提到的基本辨識，這份努力將是找出獵物很容易有罪惡感和立刻感到羞恥的原因，可以說是深入檢視自我。這需要時間，尤其是這類深度探索通常需要專業人士的協助。

你把自己
搞成這樣真的
很不正常！
我只不過是
外遇啊

3 因為我最後認為有問題的人是我

費盡心力讓另一半發瘋[1]，又稱煤氣燈效應

「煤氣燈效應」（gaslighting）一詞來自一九四〇年的電影《煤氣燈下》（*Gaslight*）[2]，我們看見一名男子（完美呈現的掠奪者）不擇手段讓妻子相信自己瘋了，隨著劇情逐步明朗，觀眾這才知道一切都是男子為了達成邪惡目的。這種費盡心力讓對方發瘋的操縱手法也許看起來就像推卸譴責的手段（不是我的錯，是你瘋了），然而在我看來，這種手法遠超過單純的推卸責任。它有另一種本質，受到了其他動機驅使。

與病態型自戀人格者的控制關係總是包含這些操縱，目的是讓獵物懷疑自己的心理健

1 此處借用哈洛德・席爾斯（Harold Searles）的著作標題《費盡心力讓另一半發瘋》（*l'Effort pour rendre l'autre fou*，Gallimard，1977，巴黎）。

2《煤氣燈下》（*Gaslighting*），一九四〇年由索羅德・狄金森（Thorold Dickinson）執導。線上完整版：https://youtu.be/UYmtzaHwCKo。

康，試圖讓獵物發瘋。這些操控是有意識的，即使掠奪者並沒有察覺深層的動機。然而在表面上，看見獵物被耍得團團轉，對掠奪者而言是極度的快感來源。

掠奪者是怎麼做的？

要擺脫嚇壞與麻木的狀態，同時也為了理解獵物長期困在關係裡的原因，我們必須重新梳理思緒、了解其手段。就像我們看穿魔術師如何表演後，他的把戲就失效了。以下是掠奪者使用的主要伎倆。

不知不覺改變獵物熟悉的環境

我們的安定感（以及如尚－克勞德・考夫曼〔Jean-Claude Kaufmann〕[3]指出，一部分的自我認同）是建立在我們熟悉且總是在同樣位置的事物上：早上用的咖啡杯、小湯匙、我們的梳子等。有些物品會天天使用，有些是時不時地使用，還有一些很少使用（例如書架上的書，或是銀器），但是我們知道它們在哪裡，進而下意識地建立某種形式的穩定感。我們的小宇宙很安全，是可預測、可掌控的，沒有隱藏的危機。某些物品沒有固定位置，對於心不在焉的人而言，可能會花上好幾分鐘尋找，例如我們的鑰匙、眼鏡，最近高居容易消失的物品之列的還多了口罩。

移動或讓一個人熟悉的物品不見，並且對此隻字不提且否認這麼做，絕對是能讓對方慌張失措的手段。他的環境背棄他，變得不可預測、混亂、令人恐慌。任誰都曾經一整天苦苦思索，可能自己把某件物品放到哪個不該放的地方吧？接著，掠奪者只消把物品放回原本的位置（我怎麼會沒看見？），或是放在意想不到、莫名其妙的地方，就能讓對方心生疑慮，甚至感到恐慌。獵物不會想到掠奪者是故意這麼做的，何況掠奪者會使勁虛情假意地無辜否認，因此獵物在不知情的狀況下，很容易把責任歸咎於自己，感覺自己快要瘋了。

對一件事的說詞反覆

在這種伎倆中，掠奪者會宣稱一件事，然後硬說相反的話，並否認前後說詞相悖，不管是大事還是小事，像是喜歡草莓優格，或是想搬到廷布克圖（Tombouctou）。

掠奪者會辯稱他的說詞並沒有前後相反，是獵物沒花心思傾聽，或是腦袋不夠聰明，甚至精神有問題。前後兩個聲明愈是明顯相反，加上否認力道愈強，造成混淆的效果愈大。（你聽不懂嗎？真是蠢到不行！我說想搬到廷布克圖又不表示我想離開巴黎。）獵物有時候會有強烈反應、引爆衝突，並且波及其他主題，最好是對獵物而言最痛苦的議題。然而在大多

3 尚－克勞德．考夫曼，《當我是另一個人》，巴黎；《不滿：伴侶之間的小戰爭》（*Agacements, les petites guerres du couple*），Armand Colin，2007，巴黎。

數情況下，獵物在如此前後不一致的情況下會愣住、停留在震驚狀態，最後多少承認自己應該有問題，竟然連這麼簡單的事情都搞不懂。

掠奪者也會否認自己之前說過的話：獵物可能會不理解、誤解，或是把對方的想法當成事實等。陷入衝突完全無法解決問題，也對獵物很不利：獵物會感到混亂，並禁受各種強烈的情緒，最後承認自己可能搞錯了。他的一致性開始動搖，對自己認知的一切產生不必要的懷疑。煤氣燈效應就這樣開始運作。

言語與非言語訊息的不一致

非言語層面的溝通，即使我們沒有明確意識到，卻能很快察覺。這點極為重要，因為非言語訊息能帶來說話者的情緒狀態，是詮釋言語訊息的關鍵，而這往往是書面訊息中缺少的，因此產生誤會（表情符號就是為了補上缺少的情緒）。當非言語訊息和說出的話一致時，可以加強並幫助理解；反之，則會導致混亂。

板著臉說「我很喜歡這個禮物」，或是話中帶刺地稱讚，都會讓訊息變得難以理解。獵物會心想，「她真的喜歡我的禮物嗎？」或「她說希望有我的食量時，是不是覺得我吃太多了？」就像每次的後設溝通[4]中，獵物總是被說什麼都不懂或是腦袋有問題，而掠奪者會否認自己的非言語訊息。

只要獵物沒看出這個伎倆、破解兩個層面訊息的不一致，就會被困在一段看似明白卻令人費解之話語的雙重意義間，恐慌地確信其實自己完全聽不懂對話者在說什麼。由於掠奪者和其他人溝通時毫無困難，而且大家似乎都聽得懂他的話，獵物便會得出結論，認為是自己有問題，而且掠奪者對外愈是顯得迷人，獵物就會愈加不安。最後獵物通常會「更努力」。

重寫故事

除了日常習慣，我們的身分認同一部分也建立在記憶、白日夢和計畫[5]構成的內在敘事。對於一個人或伴侶而言，某些記憶有如基石（第一個吻、愛的宣言、第一次旅行、買下某些物品，在適合的情況下還有孩子的誕生），不過無論大小，所有的記憶都會構成我們的內在一致性。童年的記憶、喜愛之處的記憶、某次會面的情境、不開心的回憶、失去的回憶、快樂的回憶，全都讓我們成為現在的模樣。

然而記憶會捉弄我們，大家都有過經驗，因為每段記憶都是一場重建。因此很容易讓獵

4 後設溝通（métacommunication）是關於溝通的溝通。
5 尚—克勞德・考夫曼，《當我是另一個人》，同前注，頁47。

物產生疑惑，掠奪者便利用疑心，將故事改寫成對自己有利的情況，甚至多次改寫。然後，依照被修改的記憶狀態，獵物會懷疑自己的記憶、感知、當時的意圖，這令獵物沒有安全感，對自己失去信心。

如果是重要的記憶，獵物會開始質疑整體情況，給人一種近乎偏執的印象，但自己幾乎沒有察覺到。例如吵架後是他哀求她回來，或者她才是吵個不停的人，於是，對事件順序的理解將會全然改變。

就算改變的是一些較不重要的小事（某個朋友是否出席某個場合、幾個月前的生日是否收到禮物等），依然會對獵物的內在一致性造成很大的混亂。如果獵物情緒激動地大吼大叫，堅持事情不是那樣，反對的說詞正好讓掠奪者趁虛而入，藉機說獵物確實瘋了。困惑又充滿壓力的獵物，最後會懷疑自己的精神狀態。

記憶本質上是主觀的：一個正常人在對話者的情緒面前，最後會承認自己對同一件事的感知並不一樣，或許是自己弄錯了；但病態型自戀人格者絕對不會承認，畢竟他正在費盡心力讓對方發瘋。

以雙重束縛的方式下命令

雙重束縛（double lien）是一種極為有害的溝通形式。最常見的就是包括下達兩種不可能同時遵循的命令，要求獵物達成不可能執行的指令，例如對某人大吼大叫要他放鬆：吼叫讓人緊繃恐懼，難以遵循命令。更何況，誰能受令就放鬆呢？雙重束縛尤其難以察覺與面對，一大部分的原因是其中產生的壓力。

雙重束縛的理論由葛雷格利．貝特森（Gregory Bateson）提出，他在思覺失調症患者的家庭中發現這種有害訊息的形式：這確實會讓人發瘋，或是間接讓人發瘋。病態型自戀人格者（不是唯一）利用與濫用這種手法，獵物努力「隨著口哨聲起舞」卻辦不到，陷入無解的荒謬困境。無論獵物怎麼做都不對，反而給了掠奪者不停指責的藉口，這會加劇獵物的情緒和認知不穩定，讓他愈來愈覺得自己瘋了。

獵物反應的去脈絡化

我們剛剛已經看到這一點：獵物失去方向、困惑不解、表現出內心的激烈情緒。去脈絡化的手段永遠有效：將事件獨立出來，不考慮激怒獵物的原因，獵物的反應和情緒表現可能會被視為精神疾病的症狀。這些反應並不會被當成真正的情緒反應看待，而是被視為本質上是精神障礙的表現。

舉例來說，如果掠奪者一睜開眼睛時就對獵物剛起床的模樣（我的媽呀，你的氣色真糟！沒睡好嗎？）、氣味（哎呀，這裡該洗了……）、拖鞋（你的阿嬤拖鞋也太不性感了吧！）、咖啡的味道（噁！這什麼咖啡？你換牌子了嗎？）酸言酸語，然後淋浴時間之長連熱水器都空了，最後向獵物宣布，他要開去上班的汽車油箱一滴不剩，可以保證獵物最後一定會生氣。

如果獵物發脾氣或是回敬一句，可能會被責備「有起床氣」或破壞「直到今天晚上才會再見面的再見」，甚至說和他一起生活是最糟糕的經驗。確實，獵物很不愉快或是大發脾氣。斷章取義地來看，旁人可能會指責他個性差勁，若再發生同樣情形，就會說他有人格障礙。

我記得一名女性患者，擺脫控制後，極度羞愧地向我告解自己是酒鬼。聽完她的話後，我才理解她只醉倒過一次，就那麼一次，也就是她的掠奪者丈夫和其他女人出去三天的那一次。她深信這就是酗酒，即使事實並非如此。

獵物本身再也不知道該有何反應，再也無法分辨自己的反應是否正常。懷疑滲入她的內心。煤氣燈效應發揮作用了。

賣弄半吊子的心理學

愛吹噓心理學知識的掠奪者，如果沒有將知識應用在「心理學」領域或人生教練的職業上（這種狀況偶爾會發生），可能會將之用在涉及心理學的詮釋，如果事先已經讓獵物慌了手腳，那就更加容易了。

我們很清楚，我們無法意識到自己所有的心理特質，就像魚不知道水為何物，或者引用拉岡（Lacan）的話，眼睛無法看見自己。這就是為何我們總是好奇他人對我們的看法。通常這些看法會留下很深的印象，促使我們自我質疑（可惜的是，這些往往是負面意見）。

只要掠奪者稍微占了權威地位，再賣弄高深名詞、掉掉書袋、舉幾個去脈絡化的例子，對方就上當了。獵物會將論點內化、鉅細靡遺地自我質疑，甚至同意論調的內容：「你對我的感情是移情作用，你在我身上投射父親的形象，採取被動攻擊型手段，唯一的目的就是要報復懸而未決的伊底帕斯情節。例如你沒有燙我的襯衫（她才剛回到家，還沒有時間）。可憐的女孩，你真是讓人心疼。你必須好好治療，但我不知道就你的情況而言是否棄絕了父之名，這會立刻讓你處於心理碎裂的狀態，無法進入對象關係。」於是獵物開始懷疑自己的心理狀態：她確實在生他的氣……如果她真的是被動攻擊型人格怎麼辦？還有那個棄絕什麼的，聽起來很嚴重。

此外，還有對某些人格特質的歸因，尤其如果重複出現，將會產生一種塑造、自我實現的預言作用，叫做「畢馬龍效應」（effet Pygmalion）：一直被說很笨拙的人，常常真的變笨拙了。

順帶一提，對於為前來諮詢的獵物提供治療的專業人士而言，這些操縱解釋了以特殊方式進行的必要性。在一般的心理治療中，有必要引導患者承擔自己的責任，讓他發現自己是問題的一部分。承擔責任可以讓患者意識到自己的自由與採取不同行動的力量。在煤氣燈效應和半吊子詮釋中，首先必須解構對方的話語，這可能很漫長。接下來，也唯有到了下一步，才能看看哪些是獵物的責任、獵物有哪些特定弱點讓掠奪者得以緊抓不放。

掠奪者為何這麼做？

雖然病態型自戀人格者是有意識地使出伎倆，然而他對深層的動機卻渾然不覺。

無症狀精神病

「精神病」是「瘋狂」的學術名稱。讓我們一起稍微了解這個定義。

一個人的自我（moi）是那個自稱「我」的心理部分，它的功能在於建立（大致上）穩定並連貫的認同意識，管理內在的選擇和衝突，同時也為外在世界感知到的事件賦予意義。一個健康的人，他的自我連貫靈活、適應良好，他可以接受改變和質疑，這個人也不會被自戀沖昏頭。

這個部分若變得極端就會造成問題：過度強大的「自我」是武斷絕對的、沒有灰色地帶，有全知全能的錯覺（我什麼都知道、什麼都懂、什麼都能做到，所以我一定是對的）；

在病態型自戀人格者的情況中，這會過度補償脆弱病態的自我，這個自我隨時都面臨分崩離析，自我感和世界感可能瓦解，是極度令人恐慌的不連貫性。一切都不穩定、無法理解、不明白，且無法預測，無論是自己還是世界，兩者之間的差別不再清楚明確：這是混亂，精神病、瘋狂、分裂是精神之死。

因此，病態型自戀人格是一座防禦堡壘，目的在於防止這種時時刻刻埋伏的分裂與崩解威脅。這種短暫性精神崩潰的威脅，我們稱之為「無症狀精神病」（psychose blanche）：它並不像一般精神病伴隨幻覺和妄想（或是低度妄想，出現在自戀誇大和另類事實中，如同我們驚訝地觀察到掠奪者自己最後也相信了），但病態型自戀人格者的心理世界不斷面臨嚴重補償不全（décompensation，尤其是真正的偏執）的風險。

讓對方發瘋

在這個情況下，試圖讓對方發瘋有幾個目的。

● 將瘋狂轉嫁到獵物身上

道理很單純：這就是推卸譴責，只不過這在深層動機中是無意識的（發瘋的不是我，是對方）。由於關乎心理世界的存亡，手段也更加激烈。

● 共享精神病的不穩定經歷

當掠奪者把獵物拖進不穩定、不連貫、令人恐慌的精神世界時，他就不再孤單面對自己的經歷了。他成功將自己的精神病傳播給對方，彷彿實際上這再正常不過，因此讓他安心。

煤氣燈效應與獵物

擾亂

對瘋狂的指控，並透過偏頗的論點證明，使獵物經受許多情緒起伏，最後或多或少相信自己不對勁。他至少會說自己的心理狀態並不好，他注意到這點，並且努力想要辨別究竟是先有雞還是先有蛋：陷入困境是因為掠奪者把他逼到這個地步，還是因為他又瘋又令人難以忍受，所以掠奪者才這樣對他？在一段長期關係中，確實很難辨別因果關係，就像系統心理學家說的，要「為關係中的事件斷句」。這些因果往往糾纏成難解的螺旋，尤其是處於情緒和認知風暴中的時候。

獵物很難對他人訴說發生在自己身上的事，面對心理師也不例外：他隨時會拐彎抹角地敘事，而敘事必然是主觀的。接著，他會對發生在自己身上的事、自己的反應感到羞恥，於是默不作聲，留在他的經驗裡。

獵物的心中充滿疑問：像自己這樣發瘋或有心理疾病的人，能夠做出離開這段關係的決定嗎？就算離開了，如果他瘋了，有辦法自己克服一切嗎？還會有人要他嗎？說到底，難道掠奪者不是一個好人，願意忍受他的瘋狂，而其他人都不會願意這麼做？

由於長時間無法回答這些問題，獵物動彈不得、留了下來。

詭異的經歷

面對對方的精神病，這是一種陌生的感覺，是一種朦朧隱微的不適、難以名狀，也難以辨別其源頭，有如一股混雜的氣味。這段經歷如此令人不安，甚至痛苦，以至於獵物會試圖盡快遺忘、拋諸腦後。

獵物寧願認為是自己有問題，盡量用最快速度忘記一切，以封住這個深淵。心理失常的感覺並不好受，但比較穩定也較不混亂。然後，有必要的話，獵物可以有所作為。

因此，來找我尋求協助的獵物往往有片段失憶，他們已經記不清當時發生了什麼。奇怪的經歷或許可以解釋記憶的空白。只要獵物不再記得，穩定的基礎不再與離開的決定擁有一致性，於是他們留了下來。這樣比較不可怕。

互相依賴

病態型自戀人格者獨自面對精神病這個潛伏在陰影中的怪物，精神病威脅他的內在一致性，引起他極力想要壓抑的強烈焦慮，因而感到很孤單。他透過「分享」顯現的精神病感受以減少這種不安與孤獨，也就是反向威脅獵物的內在一致性，試圖在對方身上引發和自己同樣的焦慮。通常，獵物會因為愛和同理心而無意識接受這種分享，即使這是有害的；此外，這種分享還會讓難以忍受的狀況變得尚可接受，畢竟這是互相依賴……獵物出於愛而犧牲自己，這份愛軟化了一切。

如果離開掠奪者，那股摻雜棄對方於悲慘命運與焦慮的印象將久久抓著獵物。

脫離煤氣燈效應的影響之進程與困難

1. 一點一點地意識、記住

要怎麼強迫自己想起那些不記得的事？這顯然是不可能的（這也是雙重束縛的絕佳

例子）。當我們讀到或聽到某人談論這些議題時，對於所發生事物的記憶可能會浮現，即使模糊不清、很破碎，不過這種情況發生時，就必須踏上意識之路。有時候，獵物會把問題丟到網路上，藉由搜尋引擎的魔法，開始找到問題的答案；有時候，會是對該議題有點概念的朋友首先開口；有時候，是一本書的標題與獵物的獨特經驗引起共鳴；最後，有時候是研究過該議題的專業人士會意識到發生的事。

然而獵物仍需要時間，承認自己正在開始釐清事物，畢竟獵物也不是完人，免不了有神經質的反應（和所有人一樣）。辨別必須細膩敏銳，而這並不容易。這時候，可適時尋求專業人士的協助。

2. 承認所理解的事物

從本質上來說，精神病是難以想像的：對於從未親身經歷過的人，例如妄想症發作（不顧後果，即使不是沒有後果），或是從未以專業身分進出精神病院者而言，這是無法理解的經歷。從一個沒有分裂自我的角度，很難察覺到什麼是分裂，因為我們傾向以自身經驗理解他人的經歷。必須補充，此處的精神病才剛剛顯露：病態型自戀人格的堡壘正在發揮作用，這也是為何要動搖他極為困難，甚至是不可能的。

此外，對獵物而言，自己正愛著或曾經愛過的人、極為熟悉的人，共享生活或曾經一起生活，有時還與對方有了孩子，要承認對方的精神狀態是建立在如此怪異病態的經歷上，確實很讓人惶恐。掠奪者固然個性很難相處，但看起來並不像瘋子，不同於我們想像的那樣怪異不同、蓬頭垢面、語無倫次。掠奪者在大部分的時候顯得很正常。他說的話和做的事都是理智的。獵物了解他，一定會意識到這一點。而獵物勉強意識到異常的時候，大半的記憶也消失了……。

他堅信有其他許多可能的解釋：和所有伴侶一樣的正常衝突、一時工作不順、為家人或朋友操心，甚至是自己的瘋狂。獵物的低潮憂鬱、大哭等在在都是煤氣燈效應的證明，但我們卻忘了，對獵物而言，這一切都是反應。

這種對不可思議（如字面上的意思，也就是不可能想像）的覺察是轉瞬即逝、不穩定的；有時候獵物看見了，然後他不相信，就再也看不見了，令人惶恐、難以忍受。獵物需要很長的時間才能承認這一點，並且承認自己無法改變任何事。病態型自戀人格是一種避免完全發瘋的防禦機制，具有這種病態的人必須如浮木般緊抓著不放……某方面而言，這麼做是對的。

3. 度過拋下對方及其瘋狂的悲傷

獵物深信掠奪者該得到自己的所有同情，尤其是他還愛著對方，或曾經愛過他。如果離開了，他隱約感覺是拋下對方去面對自己的瘋狂。然而，無論對獵物還是掠奪者而言，留下來承受打擊毫無助益，有時候是物理的打擊，但更常見的是言語和心理的攻擊，總而言之，都是極具破壞性的。需要時間讓自己相信這一點，以及接受與度過這段悲傷。

這很噁心。
好。
我習慣了。

4 因為我習慣了

習慣與其他在關係中的相關形式

我們需要了解心理學和微觀社會學，為我們繼續帶來本章內容的關鍵。習慣以及其對我們的認同、定型化、伴侶文化與習慣化的參與，是在我們的意識以外一定會發生的自動現象。這些現象對於掌握部分維持伴侶關係與控制獵物（無論手段為何）的成因都極重要。

習慣

雖然習慣有時帶有貶義，對我們而言卻不可或缺。經過五感進入我們腦中的數十億刺激需要組織規畫，否則我們就會被排山倒海的混亂沖垮。習慣讓我們了解日常生活中發生的事，像是我們在地鐵站的走道裡、在森林散步、工作開會時……習慣讓我們得以指認感知到的事物，並預測接下來的狀況：身處車站月臺的人群中，習慣讓我理解大家在這裡做什麼，預料一個我稱之為「火車」的習慣形體將會進站，人群會踏上火車，每個人都會找個座位，接著這個火車物體會帶給我一些感覺（震動、推進力），因為習慣，我知道這些是火車啟動時的感覺。習慣令我們將一部分世界變得可理解與可預測。

習慣為我們提供簡單或較複雜的基準，使我們能在變得熟悉的世界中勇於不斷改變。這種熟悉讓我們感到安全。舉例來說，經歷長途旅行或一段壓力後，很讓人安心：終於回到我的城市、我的家、我的基準。

遇上無法預期的事物時，習慣讓我們能夠回答這個根本的問題：我能夠面對這種狀況，並且解決它或適應它嗎？如果發生的事與我已經知道、習慣的事物多少有點相似，我就可以肯定地回答並開始行動。反之，壓力便會隨著我的疑慮增加。如果我告訴自己沒辦法應付，壓力就會飆升；如果情況持續下去，我就會不堪壓力負荷，然後心力交瘁。

因此，習慣讓我們得以將感知組織起來，讓世界變得可理解和可預測而帶來安全感，能夠預期我們的適應策略。

習慣也是一種行動的習慣：當我開車時，若前方有紅燈，我連想都不用想，右腳就會踩下煞車；當我早上起床時，無需思考沖泡程序就能完成我最喜愛的飲品等等。

習慣與控制。掠奪者會盡可能讓獵物持續承受壓力。為了存活，獵物會運用所有資源，其中首先就是對習慣的熟悉感。這會建立一個難以破解的矛盾現象：由於掠奪者和獵物構成伴侶文化並共享親密熟悉的世界，掠奪者便成為構成獵物習慣的重要部分。於是，掠奪者愈是迫害獵物，後者便愈努力抓緊自己熟悉的（虛假）安全感。他留了下來，無法或幾乎無法運用適應力和壓力離開和改變（更精確地說，是他的習慣和安全感）。

習慣、認同與伴侶文化

根據社會學家尚－克勞德・考夫曼[1]的說法，我們的認同（使我們與自身保持相同，但也與他人不同）建立在兩大支柱上，在他的想像中是有如DNA的雙股螺旋。第一個支柱是由我們在世界上習慣的行動和行為方式構成，例如早上從尾端或是從中段隨便擠牙膏、規畫採買的方式等等。第二個支柱是我們不斷維持、關於自身的敘事整體（回憶、白日夢、計畫、價值觀、傾向）。一部分的認同工作是努力讓這些必然異質、甚至矛盾的元素變得一致，哪怕要稍微扭曲現實，確保我們不會看見不協調之處，或是將之合理化。

伴侶也會養成共同習慣。伴侶是建立在共有的敘事上：有如基石且往往帶有浪漫魔法光環的最初時刻、重要事件、美好回憶和危機。伴侶文化是以共同的喜好或反感為基礎。例如在朋友家晚餐後回程路上並非總是愉快的對話，或是逛街時分享彼此喜歡和不喜歡的東西，都是為了協調共同好惡。伴侶文化是以「我們」為開頭的觀點：我們喜歡鄉村、海濱度假、

1 尚－克勞德・考夫曼，《當我是另一個人》，同前注，頁47。

酥皮肉派……。

無論伴侶是否同居，伴侶文化也是共同生活中常見動作的結果。我們哪幾天見面？睡在床鋪的哪個位置？誰洗碗或準備餐具？這種並非真正有意識的模式化，很早便在關係中生根。

爭執的源頭與其他不愉快也是共同文化的一部分，例如他不清理麵包屑、她不清理淋浴間的頭髮，而在政治、食用肉品與否或垃圾分類方面的意見也有分歧，所以她或他抱怨……無論多麼不愉快，這一切都是伴侶日常的一部分，人們會逐漸習慣。大家說得有道理，伴侶免不了吵架……。

很快的，這種伴侶文化就會進入雙方的認同，因為那會改變他們的敘事、價值觀、白日夢、計畫與行為。

認同、**伴侶文化**、**控制**。和所有在伴侶關係中的人一樣，獵物統整共同的思維和行為，使之成為認同的建構要素。掠奪令他陷入混亂、變得脆弱，認為自己沒有資格質疑這一切。於是他留了下來，困在這種極不穩固的平衡、心理和認同生存的機制中，導致他受到傷害……。

定型化和歸因

這也和習慣有關。定型化（typification）是我們為遇到的人建立可預期（因此成為習慣）的內在模式。依照我們的習慣，這可以是普遍的定型化，社會心理學稱之為「角色期待」：人們會期待秩序的代表是否嚴格、教師是否慈愛、商人是否友善。

在我們真正熟識的人際小圈子裡，定型化讓我們記住每個人的特質、個性、喜好。對一個人的了解愈深入，定型化就愈嚴謹詳盡。

心理學還加入一個驚人的要素：我們接觸到的人，會在不自知的情況下實現自我預言，愈來愈貼近我們對他們的期待。當改變是正面的時候，可以稱之為「畢馬龍效應」[2]，若是有害的則稱為「歸因效應」（effet d'attribution，例如學生因為被認為是蠢蛋，就真的變蠢了……）。

最後，定型化有時會妨礙我們感知或接受往來的人某項特質，導致不符合我們對該人的看法。有時候，我的患者在改變時會碰上來自其他人的阻力。

定型化、**歸因和控制**。在誘惑階段和破壞階段交替驅使下，以及出於受害者的姿態與對

2 畢馬龍效應，又稱羅森塔爾與雅各布森效應（effet Rosenthal et Jacobson）。

掠奪者的愛，獵物常常會將掠奪者定型為個性惡劣但「本質善良」的人。獵物很難擺脫這種由習慣和他想相信的事實所樹立的理解，我的患者就是證據；當他們弄清自己在和什麼樣的人交手時，常常會恐懼不已，內心的某個東西崩潰了，尤其是定型化的安全感。在很長一段時間中，有時候非常非常久，他們不願意也沒辦法相信。

從掠奪者到獵物，定型化和歸因效應也會引起作用：由於以貶低的方式加以定義，獵物會愈來愈像掠奪者描述的模樣，至少表面上如此。獵物因而自我懷疑，無法利用走出與離開這段關係所需要動用的強大精神力。

習慣化

習慣化（habituation）這個心理學概念意指習慣的特定形式，令我們不再對平常會引起反應的刺激產生反應（通常是不愉快或意外的刺激）。就像房子裡的聲響會嚇到客人但不會嚇到住戶、每個月第一個星期三響起的火災警報、家中青少年的起床氣、我們視而不見的牆面污漬（或灰塵……）、淋濕小狗的氣味、食堂裡蕪菁的味道。習慣是我們適應力的驅動力，經驗顯示人類能適應許多事物，有好的方面（能與吵鬧的鄰居和平共處，或是每天在食堂用餐），也有壞的方面（我們能適應對我們的極限、身心狀況和健康造成傷害的生活條件，並對此不再有反應）。

習慣化和控制。習慣化是控制機制的一部分：獵物對掠奪者的侵擾和虐待的反應減弱，再也分不清什麼是正常和不正常。然而，破壞行為仍在暗中進行：就算我們已經習慣鄰居的噪音，可以充耳不聞，但這並不代表我們可以休息。

習慣化可以用一則故事說明，那就是溫水煮青蛙，方法如下：把青蛙放入裝滿常溫水的鍋中，然後每小時將水溫提高一度；當水變得太熱時，青蛙已經熟到無法做出反應了。

因此，如果掠奪者睡前總是會開燈，而獵物已經睡著了，獵物最後會將這種干擾融入日常的例行公事；如果掠奪者對獵物大吼大叫，後者會告訴自己對方個性就是這樣，於是努力忽略。事實上，這些確確實實在侵蝕他，而且往往是身體透過生病來「表達」。

我接見過一些人，他們來看我的目的是為了（完全）不要再受到掠奪者的攻擊，但他們察覺自己持續在緊張狀態中時，會怪自己的過度反應很病態。這有點像他們在對我說，他們想要繼續燙自己，但不想再感受到灼熱感，認為感到灼熱很神經質……這是有害的，大家都知道！相反的，疼痛（不論生理或心理）會讓人意識到某些事不對勁。這就是往出口邁向了（困難的）第一步。

脫離習慣和習慣化的影響之進程與困難

1. 改變個人的習慣

改變微小的行為，並抵抗掠奪者的批評，因為掠奪者如果意識到這些改變，一定會加以批評。獵物可以改變上班的路線，開始習慣掠奪者不知道的新路徑。獵物可以改變早上準備飲品的方式，甚至改變飲品本身。他可以改變一個或多個穿著元素、改變耳機裡播放的音樂或是乾脆不戴耳機聽音樂、改變看世界的方式，例如思考如何畫出自己感知的世界……如果情況允許，他也可以開始一些單人活動，像是棒針或做手工藝、參加各種的課程（音樂、繩結編織、橋牌……）。

這是關於有意識且刻意建立新的、熟悉的「保護罩」，不讓掠奪者參與，有必要時可以成為獵物的避風港。這些改變乍看微小、可能不會被注意到，只能避免破壞性的正面衝突，然而改變卻很巨大，有如一場正在悄悄醞釀的革命。

2. 改變並滋養對未來的夢想

認同以夢想和計畫為基礎，伴侶文化則建立在共同想像和計畫上，因此改變想像就是改變自己的時間軌跡。

獵物可以開始夢想獨自一人時，他會是什麼模樣或做什麼事情：把房間漆成粉紅色（他不喜歡這個顏色）、打開防沾紙直接吃火腿（她總是吵著要盤子和餐具）、和朋友們出去（他每次都為此大吵大鬧）、騎重機（她不希望他騎）、看所有想看的愛情電影（他覺得愛情片很荒謬，每次都破壞她的樂趣）等等。

透過這些白日夢，獵物也可以開始克服獨自一人的恐懼，意識到在這種情況下的所有好處，最重要的就是不要冒險遭到刻薄言論。

然後，他可能會開始注意到其他潛在的伴侶……。

3. 改變被他人灌輸的形象

不斷遭受貶低、因為各種狀況而受到推卸譴責，以及煤氣燈效應，最後為獵物帶來非常糟糕的自我形象。因為壓力過大，他多少開始變得像掠奪者口中的那樣不堪。要改變這種形象，獵物必須重新開始和其他人往來（即使因為羞恥或害怕不被理解而不提及自己的處境，不幸的是，這點非常真實！），以便看到其他人帶給他不同的形象，更受到重視也較健康，如果他有意識地努力聽見、傾聽這些人。於是，他會發現自己其實能夠做到很多事，而非掠奪者不斷灌輸的廢物形象；他能明白自己是勇敢、意志堅定的人，遠非掠奪者嘲諷扭曲的草包；他會發現自己的幽默能帶來歡笑，未必引來酸言酸語和不給面子的神情。

也可能是獵物與被掠奪者疏遠的朋友或家族成員恢復連絡，找回親近情誼的溫暖與早已忘記的自我形象。

4. 習慣對伴侶新的定型化

發現病態型自戀人格者的所作所為，也就是掠奪和控制時，獵物往往會驚駭地意識到，或許這描述了正發生在自己身上的事。一旦詫異和驚恐的情緒過去，獵物總會開始狼吞虎嚥所有關於這類議題的內容，這是好事：這是關於改變他對伴侶的理解，不是提供憤怒和仇恨的元素（或許有用，但長期下來是有害的，因為仇恨是強大的連結），而是深入明白與自己共享戀愛關係之人的動力，對掠奪者的改變能力、運作的深層手段與掠奪建立更真實的形象。一旦歸納起來，定型化就會更精確，進而讓獵物能夠以更現實的態度面對。

5. 處理壓力

控制的手段之一是對獵物持續施加壓力。這種壓力逼得獵物須養成穩定和保護自己的習慣，然而與掠奪者往來也是上述習慣的一部分；於是獵物依附掠奪者，進而強化掠奪者對獵物的控制。原本應該讓他感到安心的關係卻在摧毀他。

因此，獵物可以運用所有已知可減輕壓力的方法，從運動、冥想、心靈寧靜療法（sophrologie）、身體教育心理學（somato-psychopédagogie）[3]、EMDR（眼動減敏與歷程更新）到人本主義心理學等等。

如果壓力強度降低，獵物就不再需要緊抓著習慣，他將敞開空間，邁向沒有破壞性的他處，運用自身的應對能力建立更美好的未來，而不是停留在有害情況裡。

6. 重新調整自己的底線

習慣化會對獵物的底線軟土深掘，可能會令獵物發現自己深陷不舒服的侵擾。該如何知道哪些是平常可以忍受、哪些是不能忍受的情況？

3 請見《病態型自戀人格者，脫下你們的面具！》。

首先，獵物可以開始有意識地觀察其他人在真實生活、小說或電影中的反應，並與自己的反應進行比較。他對其他人設定的底線有同感嗎？是的話，他已經開始分辨出自己想要什麼，更重要的是不想要什麼。然後他會嘗試以自己的力量為自己辨別。例如，他能接受掠奪者對他說話的口氣嗎？他能接受隨時隨地貶低或尖酸的惡意言論嗎？他能接受掠奪者喜歡他穿某件衣服，但不喜歡他穿別的衣服嗎？他真的想要讓米歇爾來家裡借住嗎？掠奪者硬說因為家裡有客人，所以真的一整個星期都不能早睡嗎？每次做愛的時候，獵物真的都願意做愛，或者只是逆來順受？

接著，他會自然而然會嘗試在受控制的關係中建立自己的底線，並發現掠奪者的反應，其反應會讓獵物清醒過來。有時候，掠奪者會因為詫異而稍微軟化，然後又慢慢故態復萌，有時候甚至會演變成肢體暴力。這就是獵物的機會，如果他準備好了，人身安全方面也允許，就可以開始說「不」，直到直接、堅定、徹底地拒絕，也就是離開。

他們的廚房牆面是綠的。
我一直都跟你說他們的牆是黃色的啊。
…

5 因為我記不清楚了

失憶

所有獵物都提到，與掠奪者發生衝突、攻擊、爭論和不愉快的時候，多少有點失憶。這段關係的經歷，其較全面的敘事（大局）因此被改變，變得模糊混亂。

掠奪者則是在大吵大鬧後表現得若無其事，進而強化這種困惑混亂的作用，進一步令獵物惶恐不安。什麼事都沒發生嗎？自己是不是反應過度、小題大作了？由於獵物生活在持續不斷的壓力中，最需要的就是平靜，因此常常屈服於對方提出的休戰，驅散僅存的模糊記憶才能充分享受短暫的平靜：一切都恢復正常了。接著，他常常不太記得了。都過去了，都無所謂了。

這點可幫助我們了解為何獵物留下來：如果記不清曾經發生的事，又能如何做出離開伴侶的重大決定？讓我們來仔細瞧瞧以下多重機制，以了解這種失憶。

打擊

掠奪者的某些攻擊會造成真正的創傷性打擊：肢體暴力（非持續但經常發生）、婚內強暴（常見）、大吼大叫的吵架、自戀人格者暴怒時破壞一定數量的物品或傷害孩子、某些激烈的言論（即使用溫柔的語氣說出）等等。一如所有創傷性打擊，獵物會出現麻木感和解離反應（我們接下來會探討），以及創傷後壓力症候群的失憶（前述反應的結果）。

麻木感

以比喻來說，我們的神經系統就像一棟房子的電網，包括電路、插座和斷路器，電網遇到超過可承載強度的電荷時就會跳脫。如果斷路器沒有發揮作用，就可能發生火災及電網和房屋完全破壞的重大風險。斷路器是一種保護措施。

同理，我們的神經系統可以承受某個強度的情緒負荷，就像電荷。當超過最大的情緒強度時，神經系統的斷路器就會跳脫，我們就不會再有任何感受，變得無法做出反應：這就是麻木感[1]。如果沒有這種麻木感，我們很可能會喪生。我在大學的時候，發生了一場悲慘的意外。兩名研究人員按了電梯，電梯門打開時，他們下意識地邁出腳步以進入電梯車廂，然而門後並沒有車廂，他們當場驚嚇而死，但當時他們位於一樓：他們並不是墜落而死，而是死於超過心理界限的恐懼。麻木感還沒來得及發揮救命功能。

因此，當掠奪者的攻擊強烈到令獵物的情緒系統達到上限時，就會引發獵物的麻木感，阻礙獵物做出反應。婚內強暴（一如所有強暴）的受害者常常分不清麻木感和合意，因而加深他們的羞恥感、罪惡感和困惑。同樣的，面對肢體暴力、吼叫、破壞物品、虐待孩童時，獵物會呆住、毫無反應。這並不表示他同意正在發生的事，也不代表他很軟弱：為了保護他的生命，神經系統已經斷路了。

解離

然而，在打擊和麻木狀態後，獵物還是可以繼續行動，彷彿處於正常狀態。別被外表騙了！雖然獵物看起來沒事、異常平靜，那是因為他經歷的情況就像從第三人稱視角觀看：獵物正處於解離狀態。他可以行動，在正常情況下給人一種身處狀況之中、參與其中的印象，然而他的情緒系統停擺了，行為有如自動發條人偶。

我的其中一名男性患者如此說道：某天早上，他正要在上班前送孩子們去上學時，他的伴侶突然開始大吼大叫，說他瞞著她把賺來的錢藏在另一個戶頭裡。這不是真的，患者沒有

1 以下的網站連結集結精神科醫師慕麗葉・薩爾莫那（Muriel Salmona）的研究，有更多關於該狀態在神經學層面的論述與說明：https://www.memoiretraumatique.org/psychotraumatismes/mecanismes.html。

隱瞞什麼，然而他發現伴侶完全聽不見這個答案。她破口大罵、神情瘋狂、面無血色、雙唇變薄，彷彿整個人被往身體裡吸，他感覺如果做出伴侶不合意的行為，她會動手打他。孩子們在哭，這項指控既荒謬也不實，他必須盡快出門免得大家都遲到，然而他呆住了、嚇壞了，感到一股壓力猛然湧上，他害怕到幾乎尿褲子（已經發生過）或嘔吐，然後突然間全都消失了、他什麼感覺都沒有了。他看著自己平靜地反應，回應一串嘰哩咕嚕的話，牽起孩子們、抓起公事包出去了，彷彿在電影裡。他不再害怕，但也沒有放鬆和開心；他的身體感受非常微弱、幾乎感覺不到。他安撫孩子們並幫他們擦乾眼淚、鼻涕，但心靈並沒有真的在場。他解離了。

創傷後的失憶

我們的記憶取決於對要記憶內容的注意力（因此很難記住無聊乏味的內容），而我們的注意力則取決於感受到的情緒：我們都記得二〇〇一年九月十一日正在做什麼，但絕少有人記得隔天下午做的事。[2]

某種程度上，麻木感和解離都會中斷我們的情緒迴路，因而中斷注意力，這會大幅損及記憶力。我們可能對某個事件留下朦朧模糊的記憶，就像有時會保有夢境或惡夢的一絲記憶，有時則無影無蹤。然而，未經歷的情緒負荷仍躲藏在我們的無意識裡，就像隨時會引爆的手榴彈，令我們不自覺精神緊繃：這就是創傷記憶。

獵物帶著這些隨時會爆發的無意識記憶，有如電影《恐怖的報酬》（*Salaire de la peur*）[3]中的司機那樣小心翼翼地前進，生怕引爆反覆創傷中的壓力。若說獵物產生麻木感和解離，那是因為經歷的壓力大到足以立即危害他的健康，甚至危及性命（還記得研究人員的例子嗎？），導致啟動了神經系統的中斷。這完全無法帶給獵物離開的動力！

困惑

想必您已經注意到：我們難以記住混亂又互不相干的內容，需要將內容組織起來以便記憶。同樣的道理，我們需要多次接觸矛盾和其他複雜的論點，才有辦法記住或看出破綻。當我們試圖向一名對話者（或在考卷上）重現這些矛盾和論點時，會意識到遺漏我們並不記得的要素，這並不罕見。

---

2 當然，前提是事發當時你的年紀夠大，多少能夠理解發生的事，包括透過在場大人的情緒理解狀況。

3 喬治・阿諾（Georges Arnaud）於一九五〇年發表的小說，亨利—喬治・克魯佐（Henri-Georges Clouzot）於一九五三年改編成電影：四個歐洲人同意冒生命危險，在狀況崎嶇惡劣的道路上駕駛一輛裝滿硝化甘油的車。如果達成任務就有鉅額獎金，而這是他們離開中美洲小鎮、展開新生活的唯一方法。

這種困惑效應正在控制關係中全力發揮作用。讓我們來看看這是如何誘發的[4]。

傳達矛盾的訊息

掠奪者發出雙重困境的命令，必須達成兩種不可能同時滿足的條件：要自然、性感但不能展現魅惑感、我要求你勃起，諸如此類的命令。無論獵物做什麼來滿足、安撫掠奪者都不會成功，而獵物接收到的指示讓他的思考能力變得模糊，無法發現其中要求的兩個條件是相斥的。接下來，由於獵物很難理解，因此難以記得對方究竟說了什麼。整體而言，只留下「他好沒用」的印象。

言語和非言語訊息內容的不一致

掠奪者可以用文字表達一件事，同時以非言語方式傳達相反訊息，例如他用鐵路局廣播般平淡語氣說「我愛你」或是笑瞇瞇地說「抱歉我弄壞你的電腦」。一般來說，即使非言語層面的訊息很重要，卻也不會被察覺。只會留下令人困惑、無法記住的訊息痕跡。

在同一時間或不同時間說一件事，但行為卻相反

例如宣稱不喜歡某道菜（最好是獵物烹煮的），但盛取了兩次，這就是增加令人困惑的

訊息，因為和令人不快的批評（不愉快的事可大可小，取決於表達的方式）相反。由於發生的速度很快，獵物可能無法理解這道料理怎麼了，是否該重做一道菜。通常，獵物應該會記得和這道料理有關的某件事，但是他想不起來，也沒辦法解釋當時發生了什麼，以及在他身上引發的感受。

莫名其妙的言論

利用錯誤的論點最能引發困惑，搭配憤慨或怒氣沖沖的捍衛者口氣更好。例如，若獵物說他擔心外來種植物會破壞生物多樣性和原生植物，可能會被指責有種族主義或仇外，因此受到辱罵和羞辱。掠奪者以正義凜然的姿態怒罵，然而獵物的麻木感使其無法發現對方論述的滑坡程度有多大（一個話題是植物，一個是人口流動，另一個則是種族主義）。於是，他弄不清楚是什麼原因令自己被罵得狗血淋頭，也弄不清楚對話脈絡：他不記得了。獵物只會懷疑自己一定說了什麼非常愚蠢的話，但不知道究竟是什麼。

只要掠奪者之後說對入侵物種有同樣擔憂的話，就能輕鬆為困惑加上失憶。

4 我們已經在如何讓對方發瘋的部分中看過這些機制，不過這些機制也會造成失憶……。

用卡斯楚式的滔滔話語淹沒獵物

短期記憶的能力是有限的，當資訊飽和的時候就會停止運作。在這個機制中，資訊分量的影響大於資訊的品質。病態型自戀人格者常常喜歡在夜裡發表滔滔不絕的長篇大論，令獵物無法入眠（睡眠對記憶的功能也至關重要）、無法記住言論內容。這些話滿是自相矛盾、「另類事實」（也就是以輕度妄想重塑事實）、貶低或羞辱獵物的訊息，不時穿插甜言蜜語、表現出受害者的痛苦。這些話也會引發麻木感，獵物會盡快遺忘內容，避免這種和精神虐待沒兩樣的過程。

一名男性患者告訴我，他遇到的女性掠奪者有一個習慣，就是在準備入睡時開始講心底話，一開始的語氣輕柔親暱，然後愈來愈惡毒和譴責，接著再度變回輕柔近乎溫情，如此周而復始直到快天亮，令他筋疲力盡，根本記不得她長達數小時的自言自語中究竟對他說了什麼。她不用工作，白天可以睡覺，但他要工作，鬧鐘響之前沒剩多少時間可睡……。

對怪異陌生經驗的壓抑

病態型自戀者的人格是精神病前期（換句話說就是瘋狂或近乎瘋狂），其基本結構有時候會出現在略微妄想、脫離現實的話語，使獵物產生焦慮不安，強烈到獵物會立刻忘記、壓抑這個感受。當他的腦海中浮現伴侶可能有心理疾病時，這股壓抑（以及相關的焦慮）會阻止他憶起萌生這個念頭的話語。這個記憶需要很長的時間才能解鎖。

我向一名女性患者解釋這個概念時，她突然記起一件被她小心翼翼地埋藏在記憶深處的小事：他的伴侶堅持他們家廚房的牆面是橘色的，然而實際上是土耳其藍。這件事實在太怪異，以至於她很快就將之排除在意識外。

騷擾

騷擾是小規模頻繁攻擊的總和，單獨來看並不嚴重。很多時候，我們笑著（但也是苦笑）應對這些不愉快，當作是對方笨拙或一時心情不好。這些小型攻擊的持續累積才是使其成為騷擾的關鍵。如果獵物不記得每一次的攻擊，那就會躲過獵物的記憶雷達，獵物最後還會思索自己是否太敏感易怒或不正常……。

孤立

當我們向他人訴說發生在自己身上的事情時，就能讓記憶牢牢扎根：例如在早餐時描述夢境就會記得更清楚。有多個原因可以解釋為何獵物幾乎不將自己的遭遇告訴任何人。

首先，獵物孤立無援：掠奪者會想方設法切斷所有可能和獵物建立親近信任關係之人的聯繫。

接著，獵物害怕一連串麻煩事的敘述會讓所剩無幾的對話者厭倦，而且他也為此感到羞恥，尤其是這些讓人煩心的事和掠奪者在誘惑階段中充滿愛意的態度大轉變交錯發生。最後，也是惡性循環的最後一環，由於獵物記不清楚，甚至完全不記得發生了什麼，對話者會盡全力「安撫」他，向他保證一切都很正常（哪對伴侶不吵架呢？），有時甚至這樣的舉止和拐彎抹角的說話方式，讓人感覺他的精神有點異常。

由於不再記得為什麼想要離開這段關係，麻木、解離、充滿創傷記憶、困惑、驚惶、受到騷擾、孤立無援，獵物便留了下來。

脫離失憶的影響之進程與困難

顯然沒有人能夠強迫自己想起來。遺忘的根本，正是因為我們不知道自己遺忘了什麼。然而內容並沒有刪除。因此，要透過浮現的情緒和四散的印象，讓記憶進入意識，將拼圖拼湊起來。要做到這一點，有四種相當普遍的主要方式可以使用。建議同時使用這四種方法，不要操之過急，即使這段時間獵物仍受困於控制中。

1. 走路

走路很可能是最古老的心理治療，長時間步行、漫無目的或是走得很遠很遠，就像朝聖那樣。是交替的腳步節奏先刺激身體的一側，然後是另一側，像EMDR[5]療法嗎？是身體在移動時帶動了心靈嗎？是風景轉移注意力，放鬆了反覆思考的束縛，使得沉睡的內容浮現到意識裡？可能這些都有點幫助，而且很可能還有更多。

當人困在無止息的思索或迷失在混亂印象、交雜情緒或困惑思緒中，沒辦法產生真正連貫一致的想法時，走路就是最有效的解方。走路有助於憶起、組織記憶、增進理解。當然啦，並不是所有的事情都能在短短十五分鐘的步行就解決（人生太複雜，比下載網頁要慢得多），不過長期下來，走路的魔法一定會發揮效果。

2. 書寫

書寫需要梳理思緒和話語，如果只有思緒，很可能會原地打轉或省略而自己沒有注意到。此外，寫下來後可以重新閱讀，因此可以記住寫下的內容，注意到重複和不連貫

5 EMDR（Eye Movement Desensitization and Reprocessing）又稱眼動減敏與歷程更新，利用雙向（左右）交替的感官刺激，透過眼動進行（還有聽覺或觸覺的刺激）：治療師的手指會在患者面前左右移動，患者的視線則跟隨手指。如此一來，即使在多年後，也可以治療創傷後壓力症候群。

之處。

獵物可以在以下兩個時機書寫，幫助記憶。

第一個時機就是打鐵趁熱，就像在完全清醒之前記下夢境。因此要在剛發生不愉快之後，主要元素還算清晰時書寫。獵物之後會重新遇到不愉快的情況，每一次經歷同樣的元素，他就會更清楚發生的狀況。漸漸的，拼圖會組合起來，在一次又一次的衝突和不愉快中，獵物將理解掠奪者的重複行為和手段，最後甚至能夠預測……。

另一個時機則不那麼即時。獵物寫下回想起的各種片段，以便一點一滴重現事情全貌，進一步看清從這段關係的開頭發生的一切。

3. 閱讀、聆聽、觀看

有時候，記憶會因為一段解釋或見證而變得清晰，突然間就明白了，我的讀者和聽眾都能證明（這不就和我的狀況一樣嗎？）。故事的所有部分突然都有了意義，細節彷彿變魔術般浮現。由於潮流的效應，關於控制的資料俯拾皆是：書籍、文章、解釋的影音紀錄、證詞等等。就算資料的性質不同，每一種都能帶來令人頓悟的話語、案例或情況。

4. 說話

獵物能夠脫離孤立，與任何願意努力傾聽和理解而不會急於否認的人談話，無論是否會用三腳貓的心理學加以分析或提供建議都無妨，這點極為重要。如果朋友可以承受獵物的故事可能帶來的不安與焦慮，友人的幫助和支持是不容小覷的力量。或者，尋求對於這種現象和陪伴案例脫離控制方面受過充分訓練的專業人士，將是彌足珍貴的協助與支持。

失憶導致獵物懷疑自身的心理健康，在控制關係中會頻繁發生，而擺脫遺忘和困惑可能需要不少時間，這段期間，受困於控制關係的人會無法確定自己的方向：當地圖清楚明確，而且記得自己從何而來時，決定要走哪一條路就容易多了。這個過程急不得。再次強調，如我們所見，獵物並不是因為軟弱或受虐狂而留下來……。

他一直責怪我
少來，你太誇張了，寶貝。他很討人喜歡的。

6 因為我周遭的人不理解

旁人的角色

伴侶周遭的人，更精確地說是獵物周遭的人，在獵物脫離控制時可以是寶貴的助力，但也可能是讓獵物留下來的原因。我們先來看看周遭人們加深獵物留下來的原因。

周遭人們（無意的）破壞

地緣和關係上的孤立

最常見的情況，掠奪者會努力隔離獵物與他熟悉的親朋好友。這樣能讓獵物在控制當中，沒辦法透過比較或對話釐清思緒，進而意識到關係的狀態既不正常也不該接受，令獵物孤獨無援。

要做到這一點，掠奪者運用的手法之一就是真正孤立獵物，也就是從地緣上孤立，透過搬家、移居外國，或是讓移動變得困難。

例如，當兩人只有一輛車時，掠奪者就能隨心所欲占用車子並監視獵物的動向，畢竟其中一人（獵物）借用汽車必須雙方都同意（更精確地說，是獵物必須要求許可）。我們常說，人遠情疏：於是連結逐漸疏遠，當聯絡變得斷斷續續時就很難連貫，因此對話流於表面，沒辦法深入細聊心底話。

另一個孤立獵物的方法，就是每次獵物去見親友時（以這個原因，或是其他原因）就大鬧一場，讓獵物卻步。

最後一種常見的方法就是挑撥離間：散播獵物私下對朋友的評論、說獵物的壞話、在親友面前製造不愉快和難堪、引起爭端或不合，這些都是最終會讓聯繫疏遠的操縱手法。

如果周遭的人禁不起這些手段（而且他們還得注意到這些是操縱手法）就會卻步，丟下獵物獨自承受悲慘的命運：原本很親近，然後彼此疏遠，這就是人生……於是獵物獨自承受痛苦，認為只能仰賴自己的精神力量，不幸的是，精神力已經被大幅削弱。

透過萬人迷面具的誘惑孤立

有時候，獵物身邊的人一直會在，並順理成章地成為伴侶的朋友。這個情況主要發生在掠奪者發現有利可圖時，也就是說，如果他能利用獵物的關係資本從中獲得物質或個人名聲的好處。

掠奪者非常擅長偽裝：理想的女婿、忠誠風趣又樂於助人的朋友、感情豐富的雄辯者、戴上受害者面具時則是勇敢面對逆境的男人、脆弱的小女人，或是完美盡責、近乎犧牲自我的母親。獵物自己也常常被這樣的魅力蒙蔽，質疑自己心中的委屈：難道是自己太嚴厲、要求太多嗎？

在這種情況下，誰能想到這對伴侶或家庭的私生活發生狀況？掠奪者是自我推銷或抱怨的高手，而且這個手段很有效：若沒有親眼目睹，很難察覺推卸譴責與誘惑－破壞階段的交替，尤其是獵物滿心羞恥和困惑而不吭一聲，或是幾乎隻字未提。必須懂得以敏銳度聽出字裡行間透露出（如果透露出來）的訊息，可能是變化或令人詫異的態度，然後正確解讀這些跡象。這可不容易！要做到這點，通常需要已經在別處以別的方式理解何謂控制關係。

一名女性患者告訴我，一名伴侶關係中的女性友人怪她不像以前那樣開朗活潑，要她振作起來，否則朋友可能會與她漸行漸遠。可以想像，這句話對我的患者而言是多麼心痛的奚落，而且讓她很困惑：難道是因為她變成掃興的傢伙，掠奪者才會對她說難聽的話和出現激動荒謬的態度嗎？

這種情況下的孤立很矛盾，因為親友近在身邊。掠奪者費盡心機確保沒人會起疑心，而獵物即使被親友包圍，卻仍獨自承受痛苦。

出於尊重伴侶私生活而產生的孤立

探查親友的伴侶生活是很棘手的事，道德則要人管好自己就好。任誰都想過這樣的兩個人怎麼會在一起，不是嗎？愛情是神祕的煉金術，有時候會將兩個天南地北的人融洽地結合在一起。因此，我們通常不會多想，也不過問伴侶關係，因為那是別人的家務事。

周遭的人有時候會想知道，但又認為問問題不太恰當。大部分的時候這麼做很好，然而在此處的狀況中卻有壞處。分辨何時該沉默、何時該開口並不容易，害怕得罪對方或是被攆出去也不是容易面對的事，如何有技巧又不冒犯地詢問確實很難拿捏。再說，要是答案證實了疑問，就得面對不舒服的情形。接下來該說什麼？要如何接受聽了難以承受的祕密？

因此周圍的人往往什麼都不說，遵循社會禮儀反而讓掠奪者逃過一劫。至於獵物，他認為沒有人察覺有任何異常，因此是自己有問題。

就算有這麼一個朋友、親人，對感覺到的情況有疑惑並提出問題，若獵物如實訴說，也並不會有任何幫助，因為這個親友必須接受祕密、承受不舒服甚至苦惱的感受，而且要在完全不插手或很少插手的情況下維持陪伴。任誰都會同意，這絕不容易，而且往往與傾聽者設想的狀況全然不同。

心理解讀與誤解

心理絕不單純是專家的事。每個人都需要想像對方「腦海中」的情況，這就是所謂的同理心，而且非常必要。但若心理解讀是強硬灌輸的態度，而非出自細膩與尊重的聆聽，那解讀就是有害的，聆聽者應該接受自己不如獵物清楚發生在獵物身上的事。面對獵物看似搖擺不定，什麼都做不到的情況，對話者試圖幫助獵物的行為，有可能在無意中反而變得有害。

我們來看看可能會出現的偏誤。

1. 用「受虐癖」一詞來解釋情況

受虐癖（masochisme）是指某人在痛苦中得到快感。有時候獵物被說是受虐狂，因為如果他很痛苦而又留下來，那他一定喜歡痛苦，不過我堅持認為，嚴格來說，性關係以外並不存在受虐癖：這是簡化方便的思考捷徑，用來解釋某人留在痛苦情境中而不感到尷尬。這種解讀就是一種推卸譴責：如果獵物受苦，那是因為他喜歡，如果他喜歡以某種方式激起痛苦，那麼就是獵物自己的錯。

絕食抗議者不會以受苦為樂。我們是意義的動物，意義勝過舒適安逸。我們受困其中的狀況（或認為自己陷入困境）以及我們對自己、他人和世界的信念，就算很神經質或有限制性，也不會是受虐癖，因為我們沒有從中得到愉悅：我們留下來是因為對我們有意義。

因此，說獵物（更糟的是直接對獵物說）是因為受虐癖或自我滿足而留下來，這種解讀極為有害：掠奪者把所有出錯的事歸咎於獵物，受虐癖的指控進一步加深這番說詞，同時也強化了控制。

2. 將獵物的反應去脈絡化與本質化

不考慮脈絡就解讀獵物的感受和行為，等於將獵物本質化，也就是認為獵物如此反應是因為他從根本上「就是這樣」。除了受虐癖的指控，此處的解讀創意可能顯得毫無限制：獵物可能被指責軟弱、神經質、沒個性或自我滿足、情感依賴、缺乏自我肯定、沒有自尊、缺乏對話能力等等。一如斷言獵物有受虐癖，這會強化他過度神經質、要求甚至激起虐待的觀點。

由於獵物確實缺乏自信，自尊也大受打擊，因此這些主張往往是真的，即使一大部分是脈絡導致的結果。要恢復自信與重新愛自己，首先必須理解控制的機制。如果獵物置身正在上演的悲劇中（他不只是無助的受害者，接下來要做的就是讓他明白這一點，可幫助他找回力量），他絕對不是唯一該負起責任的人。

3. 對掠奪者進行（非正規的）分析

另一個常見的偏誤是試圖依照普遍尋常的類別理解掠奪者：顯然他的童年很痛苦、工作遇到煩心的事、這裡或那裡有問題……再加上獵物反應有時顯示出個性難相處，或是因為心情低落憂鬱而不再有反應。

雖然痛苦的童年往往是真的、工作上的煩心事和其他問題是真的（他的人格特質總會招來這類後果），和獵物的分歧也是真的，就算如此還是少了理解的最大關鍵：掠奪者犧牲獵物使自己感覺良好、摧毀獵物以感受自己的權力，掠奪者都是有意識並且從中得到享受。他不是任由生命無常擺布的可憐人，或者不單單如此：他的病態表現在有意識和蓄意的破壞上。就病態型自戀人格是抵抗精神病的防禦之牆而言，無論是有建設性的對話、出於擔憂的感性理解或是愛，都不足讓他改變。

通常是獵物認為自己理解但（獵物與周遭的人）弄錯解釋，獵物才會留下來，期待透過愛，讓野獸蛻變成白馬王子，就像童話故事裡那樣。而這是災難般的錯誤。

4. 淡化、正常化

上面提到的偏誤和片面理解，加上掠奪者的誘惑面具，可能導致獵物的親近友人建議獵物不要把一切太當一回事、原諒他的笨拙和其他情緒起伏，並認為伴侶之間有衝突很正常。此外，如果掠奪者的迷人角色夠有說服力，大家會認為他一定出身良好。如果獵物沒有被說服，就會感到極度孤單；如果他被說服了，就會因為「努力改變自己」讓一切好轉而愈陷愈深。當然也可以寄望出現奇蹟，但可能性大概不高。

要求分手的壓力

有時候，獵物周遭的人明確察覺到事情不對勁，而且是不可接受的；發現的人通常是家長，他們對與孩子有關的一切特別敏銳。出於擔心（誰會不擔心呢？），他們可能會對孩子施壓，要孩子離開惡劣對待他的人。不幸的是，這種分手往往產生反效果：我們都需要自主權，只有我們自己決定和某人分手才會這麼做。於是，獵物會感受到想要決定他人生的人散發出的壓力，可能促使他帶著一股奮不顧身的浪漫衝動，有如宣告「我和他聯手，獨自對抗什麼都不懂的全世界」。有如羅密歐與茱麗葉。

如何對抗周遭的不理解？

首先獵物必須認知到，在與某些人交談後，他不會被理解，因此處境會更糟。他必須在這個議題上相信自己，這並不容易，因為他在控制下已經養成質疑一切的反射思維，而這對他是有害的。當獵物明白，向這些人傾訴沒有任何好處時，就必須停止訴說、停止為自己辯解，因為這些都會加劇他正在努力掙扎對抗的陷阱。當然，這麼做會令自己更加孤立，這會非常痛苦，但交損友不如無友，在此處和所有情況皆然。

接下來（寫起來比實際做要容易多了，但這是必經之路），獵物必須開始尋找真正理解他的人。遇到的時候，他會立刻察覺到：一個點頭、一個眼神、一個撇嘴，他就會明白，這些人知道他在說什麼，而且絕對不會急著安撫他、給他建議，或是要沉默、讓他感到內疚。

成為有幫助的親近友人的進程

雖說給獵物的建議是談話，但我們已經看到，獵物每一次與人談話都是對自己、掠奪者以及事態的有害信念冒險。這一次，機會就在親友之間，進程之路也與他們有關。

1. 不要把一切都看成病態型自戀人格者和控制

這些觀念的流行可能使其變成概括的解釋，一在伴侶關係中遇到困難就套用這些觀念[1]。伴侶生活全然不是一條平靜的長河。並非所有的困難、痛苦、分歧、複雜甚至有害的關係，以及嚴重衝突都屬於這個類別。認知到控制關係的存在與了解其動力固然重要，但最重要的是看出細微差異。如有需要，尋求善於判斷這方面心理專業人士的諮商，將能幫助釐清和解釋狀況。

2. 維持聯繫

在所有情況下，獵物親友唯一能做的有益行動就是無論如何都要維持聯繫，就算只是表淺的交談，親友的存在就像暴風雨中的一線光明，成為黑暗時刻與「陰險手段」中的依靠和支持。就算獵物似乎想要推開親友，親友也必須盡量不生氣、持續陪伴獵物。或是如果當獵物開口了，就必須真正傾聽。

3. 傾聽

「你聽我說話時，我彷彿聽見自己」：傾聽不是什麼也沒發生的被動過程，正好相反，無論專業與否，在所有協助關係中都是最重要也最基本的。以下是幾項傾聽的大原則。

努力理解

傾聽是人試圖理解說話者經歷的行為，透過同理心參與對方的獨特經歷。如果你不是音樂家，傾聽就像是鋼琴家理解「鋼琴」想說的話。傾聽也表示著用自己的話說出理解的內容，直到說話者堅定地回答：「沒錯，就是這樣！」傾聽就是進入對方世界的靜止之旅，也是從對方邁向自身的旅程。其實本質很單純，但我們常常誤解：我們以為自己在傾聽，但其實做的卻不是那麼回事。

相信獵物

我們的第一個缺點就是評判，對此甚至不太有自覺。舉例來說，如果就我們的立場而言，獵物必須在不理解會碰到的障礙下，盡快離開這段關係，當言論偏向我們的意思時，我們就會表達贊同，若與我們的意思相左，則會流露出不贊同，即使非常細微（像是輕微的表情、略長的沉默）。獵物和我們每個人一樣，都會察覺這些細微的態度，只有在確定會得到贊同時才會開口，因此他很可能不會再說任何事了。親友的意見會加深獵物的羞恥感，並更加相信自己缺乏意志力、判斷力、常識，簡而言之，他一無是處。這對他解決困境毫無幫助！

另一方面，就算周遭的人聽他慢慢把想法和感受說清楚、就算他們對他的進程顯得非

1 請見附錄，282頁。

常尊重、就算他們在這件事上始終相信獵物，即使獵物不斷懷抱一切都會好轉的錯覺，這將隱微但絕對會透露出獵物嚴重缺乏的東西：自我尊重，甚至是自信。即使很漫長，這卻是最短也最可靠的路。

表現出真正的同理心

我們常會把同理心和情緒感染混為一談，後者的意思是指我們在看電影或閱讀小說時，會讓自己被情緒牽著走。不同於同理心，情緒感染是以自己為中心：我們感受到的是自己的情緒，我們不可能感受到他人的情緒。為了不要讓情緒感染壓過自己，必須集中心力以理解對方，並且設法控制自己的焦慮。

確實，面對聽者的驚恐呼聲或盈滿淚水的雙眼，獵物會試圖平息自己引起的不安、淡化敘事，同時得出結論：最好保持緘默，以免再度引起這種反應。獵物很可能也在心裡確認了自己說的話很可怕、很嚇人、自己的處境很絕望……這一點也無法激起做出重大決定需要的客觀和冷靜。

同理心則相反，是努力理解（而非感受）並且保持平靜；即使說者流露情緒，聽者傳達冷靜和尊重的同理心[2]可以令獵物鎮靜下來，促使他盡可能表達願意分享的事，進而領會自己的心情。這是一條通往明晰思緒、意識和冷靜的道路，這正是獵物需要的一切。

尊重獵物的進程

聽者很清楚該做什麼，尤其是所有專家或相關人士都不厭其煩地說：必須離開這段關係。為了獵物好，聽者可能會忍不住會以強勢的態度做出如此建議，然而專家的建議是給任何有意願的非特定人士，聽者卻是有如下命令般直接給某人建議。一般來說，一對一的建議很少被採納，因為我們需要自主權，除了我們自己，沒有任何人可以決定我們的路。即使受到控制，我們也是自己人生的主人，這正是為何我們不喜歡被操縱。

建議只會把獵物逼到死角，以「對，但是」開頭的藉口推託其詞，而且往往會不歡而散，也就是說，獵物會得到很不愉快的結論：他什麼都不懂、只想維持現況（以保持禮貌），畢竟他不想擺脫困境。在最好的（或是最糟糕的，端看個人視角）情況下，給建議的人會得到獵物的勉強同意，但後者不會付諸行動。無論如何，獵物最後都會不再開口，因為不被理解而感到難受，或是因為無法展現知情者們不約而同地叮嚀他的「判斷力」而感到羞恥。

2 我所知道最好的陪伴，就是以簡單且充滿同情的「嗯、嗯」表達，不要多做其他評論。

相反地，如果雙方透過對話都能有意識地走在對的道路上，那麼聽者就能知道許多事，獵物也能多多理解自身。這本書的目的就是要表明這條路並不容易……。

理解獵物體驗的怪異之處

對於聽者而言，很難不比較自身狀況與正在訴說的獵物（啊，我也是這樣啊），以表現親近、支持獵物、淡化或突顯事態多麼不正常。於是聽者不再傾聽，而是談論自己，反而變成獵物被迫傾聽。除了狀況顛倒，也必須注意，兩種經歷是難以比較的（絕對不會完全一樣），尤其獵物說的是受到控制，而聽者說的則是毫無關係的難處。

雖然經驗分享很寶貴，若獵物指明需要聽者的體驗以進行比較或釐清某些事，那麼聽者務必小心，別沉浸於敘述自己的祕密。

雙方都能從進一步理解事態中受益，而不是一概而論和比較，總之就是簡化。俗話說，魔鬼藏在細節裡，如果獵物能夠鉅細靡遺地敘述他的特殊經歷，一定能夠揪出魔鬼。

少問話

獵物開口時，盡量不要問問題，就算提問也務必謹慎，因為詢問會讓獵物偏移思路，也或許有些事情他不想提，像是肢體暴力或婚內強暴。當獵物感覺不會受到評判、沒有尖銳的建議、沒有強硬的心理解讀和嚇壞的情緒，且具有足夠的信任能冒險揭開感到羞恥的祕密時，自然就會開口。再次強調，這條路可能相當漫長。

給予各種資源的建議、節制發表個人見解

我們剛剛已經了解到，在這條路上，獵物最需要的就是傾聽和尊重。然而，當他對傾聽關係產生信任並感覺被理解後，有時候他會想要確認某些態度或情況是否正常。這時協助者可以說，依自己所見，不，這並不正常。但是要拿捏分寸，不要加油添醋、不要試圖說服他或要他有所反應。

如果協助者感覺獵物已經準備好了，可以非常謹慎地推薦一些書籍、影片，或建議上網搜尋的關鍵字（控制、有毒關係、病態型自戀人格）。

意識到問題往往很激烈，而且強迫不得。獵物能夠面對自己所理解的事物時，自然就會意識到這些。

我常常接到親友的求助，他們發現朋友或孩子在伴侶關係中的處境惡劣，因此尋求建

議，有時候甚至想要「讓一切迅速終止的神奇建議」，而我是唯一握有這條建議的人。唉，但我們也看到了，沒有任何神奇的方法可以縮短這條路。不過真正的傾聽、尊重、信任、冷靜、愛或友誼，以及大量的耐心，對獵物而言是真正可貴的協助。

是嗎？
你真的以為
你走得了啊？
我受不了了，
我要走了！

7 因為我困住了

圈套

魚兒上鉤（ferrer），這個動詞原本的意思是猛力拉起裝著魚鉤的線，讓魚鉤刺入魚嘴的肉裡；「ferrer」轉化後的意思則是「詭計得逞」。在控制關係中，上鉤（ferrage）意指已進入伴侶關係的獵物如果不放棄某些擁有的人事物就無法擺脫困境。

一般來說，控制關係分為三個階段：有如魚餌的誘惑階段、從獵物難以脫身的那一刻起的上鉤階段，以及隨之而來的漫長破壞階段，其中也會穿插在獵物似乎快要從噩夢中清醒過來，甚至試圖離開時施展的迷人狀態。上鉤是讓我們理解為何獵物留下來（有時長期留下）的要素之一。獵物對關係投入的愈多，掠奪者就愈不需要重新施展誘惑。

這三大階段需要的時間不盡相同。我在諮商中觀察到，上鉤階段通常相對較早發生：一切進展快速，才剛認識沒多久，就在掠奪者急躁的行動下，半推半就進入伴侶關係。通常獵物會覺得節奏有點匆促，但出於愛情便接受了，因為感覺到對方的愛和期待，或是被社會習俗趕上架，甚至因為物質方面受到限制。

物質的圈套

對於決定一起生活或建立家庭的伴侶而言，同居的物質層面是以踏實方式投入伴侶關係的大好機會。人類的創造力無遠弗屆，我們可以想出一千萬種方法，狡猾地在物質上困住伴侶。以下是幾種主要狀況，列舉順序與嚴重程度無關。必須注意，這些圈套常常相加並混合出現，使獵物面對如此盤根錯節、有時不可能理清的義務網絡時感到困惑。

共同簽租約

承租一起生活的地方就需要租約，通常是雙方共同簽署承租。如果伴侶已婚或簽下民事伴侶關係（PACS）就適用連帶責任，因而雙方在繳納租金方面都要承擔對方的債務。如果租約註記上述條文，那麼此規則也適用於一般同居以保護出租者。然而，由於租屋處非常難尋，而且終於找到愛巢展開同居生活的興奮，使得獵物沒有意識到自己已經落入圈套。更重要的是，細讀租約上所有枯燥晦澀的法律條文，在愛情和信賴應該優先的時候，這似乎顯得不信任而且也沒必要。於是獵物簽約：他會被要求如期支付租金，無論他是否住在該住處，如果違約，將面臨各種法律處分。因此，除非掠奪者同意離婚、解除民事同居合約或終止租約，獵物都無法輕易脫身。可以說這並不容易，也非短時間能辦到。這段期間裡，掠奪者可以慢條斯理地占盡獵物的便宜，而且變本加厲，反正他沒什麼損失。至於獵物，他很清楚也感覺得到……他實在太心力交瘁、太恐懼、自信動搖，因此很難下定決心擺脫困境。於是他留了下來。

購買住處

大部分的時候，購買一間公寓或一棟房屋表示需要以兩個人的名義申請銀行貸款。這種共同持有房屋貸款牽涉的比租約更多，如果掠奪者違約，這種情況下，獵物將承擔每個月的分期金額，直到貸款結束。必須由兩名共同持有人之一買下或轉賣房產才能停止付款。在這之前，掠奪者能造成極大的危害。他隨時可以停止付款，讓獵物陷入必須繳納每月的分期全額。即使離婚判決強制掠奪者按時繳納自己的部分，採取法律途徑和獲得判決的時間絕對遠超過銀行對獵物造成的困境，以及對其要求的罰款。

這些障礙並非不能克服，但可以看出困難重重，而且風險也很高。房屋貸款通常持續十五到二十年，甚至更久，而獵物名下並非都有個人財產幫助他面對可預期的困境。由於感覺處處受限，獵物留在關係中很長一段時間，才能鼓起勇氣面對繁瑣的銀行和法律程序，還有特拉法加海戰般的猛烈攻勢與掠奪者處心積慮散播的其他障礙和陷阱。

在這個主題上，不難想像一些更「雪上加霜」的處境：我的一名女性患者沒有工作，原因是隨著伴侶搬遷而陷入地理上的孤立，她簽下一份位於荒郊野外房屋的共同貸款，同居人慷慨地支付每月的分期全額，說詞是這樣一來她不用付半毛錢也能成為該房屋的持有人。她對如此慷慨的行為大感驚訝，雖然不清楚原因卻隱約感到不太對勁，直到在公證人那裡簽名後才意識到自己從此被債務束縛長達二十五年：由於不能工作，她沒辦法以任何方式繳納每個月的房貸，如果想要離開這段關係，唯一的方法就是說服同居人轉賣房產，而對方當然不會答應。這就是故作慷慨、精心打造的陷阱！

住進獵物的家

我多次看到這種案例：無論男女，掠奪者住進獵物的家。然後只要拒絕搬離，就能維持控制關係。這種情況能求助於法律，然而這些方法卻曠日費時也很難取得，需要時間才能解決，因此獵物有時候會選擇較簡單的作法，就是放棄自己的住處以停止同居生活。

這種純然理論上的簡單性使其放棄乘載回憶、屬於自己的地方，像是員工宿舍或是繼承的房屋，放棄自己其實握有可以決定讓誰住在家裡的權利，此外還必須尋找和支付新的住處。

於是他推遲、躊躇，而這段時間他便留了下來，試圖解決這個情況……。

財務圈套

一對伴侶中，當其中一人的錢不足以生活時，另一個人就提供支援。在婚姻中，這稱為家庭費用和家庭事務分擔的義務，同時也有扶養義務。即使伴侶沒有結婚，這項原則也以愛和互相的名義深植在我們的心裡。

離婚時也有用於延續這項義務的法律措施，形式為贍養費，若有子女則再加上扶養費。如此能保障謀生困難的一方，有必要時承擔教材義務。即使離婚補償費用和扶養費有時難以完全支應被撫養者的需求，這些費用也是對共同生活與扶持成長時光的尊重。然而，當這些義務受到掠奪者有心操縱、讓自己無力負擔時，就會形成極為有效的圈套：獵物將被迫以現金支付才能擺脫控制，更加劇受到摧殘的經歷。

因此，掠奪者會盡一切所能，讓獵物辭掉工作。

- 如果掠奪者是男性，他可以辯稱自己想要家中有個女人[1]，這樣她就可以負責家務和照顧孩子（如果有孩子的話）；此外，她累得半死也沒賺多少薪水，或犧牲他們的伴

1 當然，如果性取向是男性，此處也可以是男人。即使性別角色較不明顯，同性戀伴侶也不能倖免於這類操縱！

侶生活，甚至是家庭生活，或是她就不用把孩子托給陌生人照顧。這是很傳統的性別角色分配，在現代很合理地遭到強烈質疑。可以清楚看出，如果獵物退讓，他就掉進圈套了：如果掠奪者不配合，他會很難找到工作，即使找到工作也會因此很難重新安排他們的家庭生活。

- 如果掠奪者是女性，她可能會以同樣的論調辭去工作，另一方就落入圈套了：他怎麼忍心分手，把這個可憐的女人丟進貧困、失業和勞力工作的困境呢？更別提如果他們結婚了，他有可能因此沒有盡到扶養義務……他知道離婚後將要支付可觀的金額才能擺脫掠奪情況。在和平結束的正常婚姻中，這種作法或許困難但尚可接受，在為了逃離控制的狀況中，既不公平也是額外的摧殘。獵物很難對此同意，於是便留了下來。

共同帳戶

一起生活時，共同的銀行帳戶很實用：可以免去分攤費用時的冗長計算和每月轉帳。然而，要關閉共同帳戶則需要兩名共有人皆同意。當然啦，掠奪者不會同意的。這樣他才能盡情創造獵物必須一起承擔的債務黑洞。

有一個辦法可以避免這類糟糕的後果：退出共同帳戶。不幸的是，這是鮮為人知、漫長複雜的過程，有些銀行拒絕辦理，甚至不承認這項手續的存在。然而，離開需要錢……因此這絕對不是無關痛癢的問題。恐懼又疲憊的獵物可能會放棄走這條布滿陷阱的曲折道路，尤其是伴侶的經濟狀況長期遭到掠奪者揮霍無度與破壞時。

地緣和人際的孤立

面對這些物質上的問題，一條可能的出路就是向周遭的人求助，例如有個可以避難的地方，讓獵物在回到關係之前先喘口氣，或是有經濟上的餘裕可以生活幾天。伴侶以及獵物的地緣孤立不允許這種喘息：在無論如何都必須繼續下去的生活中，該如何到數百公里甚至國外避難或稍事喘息？在財務不平衡或帳戶受到監控，甚至被鎖住的情況下，該如何應付隨之而來的花費？

此外，孤立的不只地緣，還有人際。掠奪者在表現得迷人討喜的同時，也竭盡所能疏遠獵物的朋友、挑撥離間。該如何接近與自己淡漠疏離的人？如果伴侶關係乍看一切融洽順利、伴侶顯得如此體貼討喜，該如何讓他人理解自己的處境？獵物對發生在自己身上的情況感到羞恥而不願意多談，害怕不被理解並且被當成瘋子或自打嘴巴。在這種情況下，獵物無法為自己尋求物質上的協助。

獵物在困境中感到孤獨，於是便留了下來，一次又一次地試圖讓圈套中的生活條件好過一些。

以共同的孩子作為圈套

一個是物質上的圈套，以及隨之而來不可避免的繁瑣複雜；另一個圈套更可怕，是利用共同的孩子，尤其是獵物擔心孩子要承擔他們分開的後果。確實，當正常健全的家長想要離開掠奪者以逃離破壞時，遭殃的就會是他的孩子，因為孩子是強而有力的手段，掠奪者會為了傷害獵物而毫不猶豫地利用孩子，完全不考慮會對孩子造成什麼後果。讓我們分析這個可怕陷阱的手段。

害怕分開會讓孩子不安

這點不用說也知道：雙親分開，對孩子而言有如地震一般。他們的世界崩解，因而顛覆了他們的習慣和平衡。他們不得不面對住處，甚至學校、活動、朋友的改變、家長輪流照顧、總是帶著行李、只要一人在另一人就不在、再也沒有和樂融融的一家人、忠誠度的衝突。

回想一下所羅門的審判：兩個女人出現在所羅門王面前，兩人皆宣稱自己才是一同帶來孩子的親生母親：所羅門王無法分辨誰說的才是實話，便宣布將孩子切成兩半，讓兩個女人各得一半；其中一名女人驚恐尖叫，準備放開孩子；眼見這番犧牲，所羅門王機智地得到結論，放棄孩子的女人才是親生母親。

一如這則聖經故事中的母親，獵物（母親或父親）會盡可能留在關係裡，以免犧牲孩子的平衡，不讓他們「被切成兩半」，維持他認為對孩子身心發展最有利的情況，就算經常爭吵，而且家中的緊繃氣氛不利於孩子的發展。他能想見，就算他離開，孩子的處境也不會改善……。

害怕與孩子分離，失去他們的監護權

有時候，這種威脅再明確不過：「如果你離開，就會失去孩子。」威脅還會搭配掠奪者的轉變：過去常常缺席，甚至漫不經心、寧願隨心所欲而不是負起教養責任，現在搖身變成完美細心的家長，在親師會、看醫生時、托兒所和各種活動中表現積極投入。他變得幾乎無時無刻不與孩子在一起，帶來各式各樣興奮有趣的活動，有時候甚至有點過頭，只為了吸引孩子。這點很有效：孩子們非常喜歡這種新態度、迷人好玩的生活，還有糖果和晚睡，都是以前健康的「兇巴巴」家長拒絕給予的。

獵物清楚感受到威脅：掠奪者出現在教育場合不僅讓他看起來是關心投入的家長，孩子也會被他的陪伴吸引，而且這是新的，因此更討喜。該如何把孩子和深受期待與喜愛的家長分開？如何向任何人證明，這種態度背後的動機是操縱？

獵物衡量了困難，於是他留了下來。

預見法律程序的艱難

現實中，所羅門的審判遠比聖經故事中的複雜許多，司法人員的判斷力會因為掠奪者的操縱而失準，再加上無論是否受到控制，分開時總是免不了衝突。態度大轉彎的專業人士例子數都數不清，因為掠奪者的冷靜、論據中對獵物若有似無的指控，甚至是隱隱的淚光，獵物則滿臉擔憂焦慮、情緒激動（顯然與掠奪者毫不動搖的態度天差地別）、困惑而顯得心理狀態不穩定，進而證明了掠奪者的指控。

掠奪者藉這種方式出現在教育場合以獲得認可，證明自己是關心教育的家長，加強他的表面形象，而獵物得到的認可通常較少，因為較不擅長博取認可，將被視為與分手衝突有關的表現。

這一切不出獵物所料，因為他知道處處都有證詞，也因為他已經試著提出上訴，但並沒有被接受和理解。在殺害婦女和其他家庭暴力的故事中，可以看到無數後續沒有處理的通報和控訴，而獵物很明白這一點。他自己的故事也無法免於險惡的必然結果。如果獵物是女性，她就會被懷疑是占有欲強、對孩子有害、瘋狂又歇斯底里的母親（眾所皆知，永遠都是媽媽的錯）；如果他是男性（數據上較少見），就會被懷疑是為了與分開有關的衝突而利用孩子。

於是獵物留了下來：只要心理健康和身體完整性允許，他會繼續陪伴在孩子身邊，盼望孩子達到法定成年，擁有選擇的自由。

逃離圈套的進程與難處

我遇過幾次在出席法院或突然要求分居之前的（緊急）約診，彷彿我是這些疑難雜症的專家，我的介入能確保脫離關係時不碰上這些難題。很可惜，我一定讓這些尋求協助的人失望了，因為我沒有仙女棒！這條道路仍危機四伏，而戰鬥的結果也充滿不確定。不過還是有些建議能夠陪伴需要的人走過這段路。

1. 同意放棄某些事物

在印度，人們設計出一種再簡單不過的猴子陷阱：他們在椰子之類的水果殼上挖洞，孔洞的大小剛好能讓猴子把手伸進去，然後他們在陷阱裡放些堅果和猴子喜歡的其他食物，並固定在樹上。猴子空手伸進洞裡抓滿堅果後就無法抽出手了。只要猴子不願意放掉手中的堅果，就會困在陷阱裡，任由獵人擺布。

這個例子無意冒犯任何人（無論是人類還是猴子），不過陷阱就是如此運作的。只要獵物緊抓著自己擁有的東西不放，掠奪者就更能牢牢困住獵物。當然，我們不能放棄一切，也不能讓自己流落街頭。為了不要讓事態發展到如此極端，同意犧牲許多事物以保全自己是正確的選擇。重獲自由的獵物將有大把機會重新振作，就算會遇上困難，但繼續困在控制關係中將毫無勝算。

於是，男人會放棄女性掠奪者該給他的錢，以便快快擺脫控制和與她的有毒關係；女人則會放棄（微薄的）扶養費，讓關於費用的無止盡爭執和其他衝突畫下句點，讓自己獲得更多平靜，即使工作變多、要節約生活開銷；還有只一個人帶走一個行李箱的私人物品，拋下所有的家具和家電，才能平靜地重新振作。放棄也可以是象徵性的，例如放棄對方承認已經造成的傷害、放棄解釋、放棄真誠地「重新」審視衝突，或是單純放棄被理解……畢竟掠奪者可是窮追猛打的高手。

2. 逃離的準備

愈晚告知分手的意圖愈好

一旦掠奪者得知分手的企圖，他就會強化所有的掠奪行為：展現魅力、誘惑、溫柔和善意，還有忠貞不渝的誓言，在特殊情況下，甚至會請求獵物原諒之前讓他經歷的一切。掠奪者常常在頭幾次就達到目的，畢竟很難理解，甚至不可能理解，這一切都只是短時間內的把戲，然而病態型自戀人格者是不會改變的。不過希望不會如此容易就被澆熄！大部分的時候，這種情況會是幸福快樂的結局，然而當遇上掠奪者，這可是有毒的。

當掠奪者發現獵物對自己的詭計無動於衷時，他就沒什麼好損失的了，本性將會顯露無遺，引爆數不清的吵鬧，有時候直到深夜，揚言的威脅一個比一個恐怖（我會讓你完蛋、你會失去包括孩子的一切、我要毀了你……），甚至對物體使用肢體暴力，也對獵物動手。他會盡其所能，讓獵物的生活變成地獄。在這種情況下，最好盡量縮短分手意圖和分手之間的時間，並在分手前靜觀其變，或許這顯得虛偽不誠實，然而在現實中，這對所有的人事物都是種保護。

此外，獵物需要時間準備文件、擦亮武器：這確實是一場戰鬥，而不是由兩個善意的人在共同協議下的進程（就算也有衝突）。因此獵物不能將自己的意圖告知掠奪者，否則就等著掠奪者挖空心思設下各種陷阱，像是找到所有可以為掠奪者作證的人（不管證詞是不是真的）、文件不翼而飛、安排讓自己破產和其他策略。最好不要給掠奪者太多時間。

然而，就算獵物三緘其口，掠奪者也會察覺到獵物準備逃離：行為中最細微的改變，就算掠奪者還沒安排好可提供所有細節的監視系統（汽車或電話的定位追蹤系統、登入電子信箱、對話錄音等），他也能以驚人的直覺捕捉到這些線索。無論如何，事態都會變得緊張。

在精心挑選的時機到來時，獵物會表明自己的決定，同時採取所有必要手段以保護自己：例如不要獨自表明此決定，或者透過電話遠距離告知（這樣不太優雅，但是安全才是首要考量），或是在公共場合告知……。

接著，盡量減少與掠奪者接觸的時間是相當有效的作法，例如分床睡、盡可能待在外面、帶孩子去別處度過週末或度假……有時候，掠奪者會明白事態的發展並搶先一步：他會自己提出分手，理由是獵物的個性讓人難以忍受又磨人，或是宣稱自己喘不過氣、需要自由，又或者有了新對象……無論藉口是什麼，這都是絕不能錯過的大好機會。這比較不損及掠奪者的病態自戀（是他提出分手，而不是被甩掉），因此他的攻擊性會較低（但也只是少那麼一點）。

選一位律師

有些律師很清楚要擺脫病態型自戀人格者控制時會遇到的難題，不過任何夠堅定、戰鬥力夠強的專業人士都能輕鬆為案子辯護，無論是離婚還是孩子的監護權。然而，律師必須要能很快理解，在這種案例中，調解和對話行不通，甚至會有反效果，否則就會陷入沒完沒了、令人筋疲力竭的結果。掠奪者知道如何在對的時機戴上無懈可擊的面具，能夠把所有在分手中扮演重要角色的人物扭轉為自己的優勢：警察、憲兵、律師、法官、社工專業人士，有時候甚至連精神科專家自己也遭到操控。掠奪者看起來很冷靜、進退合宜、前後一致，而獵物則顯得緊張，常常被掠奪者的謊言激怒、不安、混亂、似乎有精神問題。這些機構長期人力不足，因此花在詳細理解案例內情的時間很少，這些往往會反過來對獵物不利。因此調解愈少愈好。再來是事實，只要談事實就好。為了提高效率，對獵物而言，重要的是不要把律師事務所當成心理治療診間：律師只會處理與法律有關的問題；就算律師需要了解案例中人的面向，也只會保留法院能受理的部分。這可能會令人喪氣，不過知道哪些事有利、哪些無濟於事，會是很大的幫助。

一開始，獵物可以尋求諮詢，得到對案例的見解，理解接下來可能會發生的事，開始分辨哪些是對離開和解除共同財產的最佳策略，以便花些時間接受這個想法，並感覺到何時開始進行手續對自己最有利。

準備必要的文件

在程序開始進行之前，就必須蒐集案例中的要素。與律師的第一次諮商也有助於盤點要提出的文件。不要讓掠奪者知道分開的計畫，可把欲提出的證據像詛咒般憑空消失的風險降到最低。獵物要進行影印，然後把正本放回原位，注意要將副本存放在安全無虞的地方，最好不要放在家裡。

同樣的，盡快請求第三方作證也很有幫助。若掠奪者直覺感受到即將展開程序，他就會立刻採取行動，然而為其中一人作證的第三方就很難為另一人作證了⋯⋯。

一名女性患者告訴我，她覺得自己彷彿活在諜報片的氛圍裡。確實有幾分像⋯⋯。

確保電子通訊的安全性

離開之前，許多資訊（和律師、親友的聯絡內容、網路上的搜尋）都是透過電子郵件、簡訊，甚至社群網路傳遞。伴侶有對方密碼的狀況並不罕見；無論如何，掠奪者極可能握有這些密碼，因為他們喜歡掌控獵物。因此必須確保掠奪者無法再從電子設備中取得資訊。獵物至少必須變更所有的密碼，並且定期清除網路搜尋紀錄；另外，註冊不為掠奪者所知的新電子郵件地址、停用不同裝置之間的所有連結，甚至換一支手機和號碼（當然也保留原本的），這些方法都很有用。

開一個新的銀行帳戶

離開需要錢，因此最重要的就是不要讓掠奪者對獵物的財務狀況瞭若指掌，如此有助於逃過他的計謀。這不是關於規避法律（畢竟，法院只要詢問中央銀行就能得知雙方的財產，除非部分財產安置在避稅天堂），但是另開新帳戶（而且要在不同的銀行，因為有時候行員會犯下無心之過）能讓獵物在掠奪者不知情的情況下存到些許積蓄，能為分手帶來一定的安全感。

準備一個落腳處

這是獵物與掠奪者有未成年孩子時的難處：獵物無法在不觸法的情況下帶著孩子離開共同的家。如果是在婚姻中或簽下民事同居協議的關係，離開將構成惡意遺棄，如果獵物帶著孩子離開，則再加上略誘罪。在離開之前，獵物絕對有必要和律師評估哪些事可行或不可行，並且忍受被迫與已經知曉他計畫的掠奪者同居的時間，這段時光尤其難熬。

不過，當離開的時機來臨時，獵物必須知道何處可去：提前租下的住處（若經濟能力許可）、短暫借住家人或友人家，甚至是專門協助遭遇這類困境人們的關懷之家。為接下來的階段準備棲身之處，有令人安心的效果：獵物能夠想像噩夢終結的景象，這些白日夢會是真正的基準點，支持獵物的衝勁和勇氣。

3.共同的孩子：放下某些觀念

「家長在一起對孩子比較好！」

說得沒錯，前提是家長相處融洽，家庭氣氛還算和諧；若非如此，孩子就得忍受衝突、爭吵與家中的緊張關係。他們無法決定拋下家長：他們被這種有害身心的環境，以及家長遭到對方惡劣對待的景象綁架。可以說這一切全都不利於他們的均衡發展。我有數不清的患者都是例子，已經是成年人的他們，因為自己的家長沒有分開而感到遺憾、啜泣……。

一般來說，當伴侶無法相處或是無法繼續走下去時，最好結束共同生活。孩子確實要面對與分離有關的困難，也不該小看、輕忽這些困難，不過孩子最後得到的是兩個平和的家長，擁有雙方完整的教養能力。這項考量也適用於獵物：必須甘心接受失敗、度過風波，抵達更好的對岸。在掠奪者－獵物構成的伴侶情狀中，即使獵物失去孩子的監護權，他也能成為充滿強健韌性的支柱、黑夜中的明燈，讓孩子能夠盡可能堅持下去，直到他們到了可以選擇和任何人一起生活的年紀。

「必須為了孩子留下來！」

並非所有的掠奪行為都如此極端，如果做出調整，某些情況尚能忍受：例如減少與對方共度的時間，尤其是為了工作或是有協會活動，尋求了解這類難題的人提供諮詢輔導……。如果獵物能夠維持穩定狀態，而且對自己不會造成太大破壞，那麼盡可能延後分開會最理想。孩子的心理愈「成熟」，就愈有辦法度過家長分開的風波；如果孩子成年了，就可以選擇想一起生活的一方，但免不了要面對孩子對家長的忠誠度。然而，要是掠奪行為過度損害健康家長的心理，甚至是身體完整性，為了孩子而維持伴侶關係，將讓孩子承受犧牲的負擔。一般來說，孩子很容易因為家長的遭遇而感到自責，這種情況也不例外。因此，最重要的是別讓孩子承受這個重擔，反而要以身作則，向他們表明在受到惡劣對待時，我們是有權擺脫這種處境的。當下或許對孩子而言很難受，但這會成為記憶的一部分，如果他們成年後發現自己也處在有害關係中，這份記憶將能幫助他們做出同樣的決定。這是非常可貴的。

「絕對不要講另一個家長的壞話！」

沒錯！孩子是由家長各一半的基因組成，因此繼承了雙方的血脈。說另一個家長的壞話、詆毀他，就是詆毀孩子：孩子會被切成兩半，一半「好的」和一半「壞的」，陷入難解的忠誠度衝突中。如果孩子必須選邊站，他不僅要拋棄一部分的自己，還得面對反對另一名家長與其血統的罪惡感。

此外，詆毀另一名家長通常代表告訴孩子他不該知道的祕密，因為孩子並不是接收這些心裡話的適當人選；當孩子處於支持提出抱怨的家長立場，這是以有害的方式倒錯成人與孩童的關係。

然而，當孩子意識到掠奪者有些不對勁時，他會需要把這件事說出來，他的見解需要得到支持。家長虐待孩子時，孩子不會因此不愛家長，而是不再愛自己，認為被虐待是因為自己活該、因為自己不好。因此，當孩子敞開心胸向健康的家長表示他的疑問和表現時，健康的家長應該要承認這一點，並且不帶譴責地解釋，必須表明，即使掠奪者不對勁，那是因為他有心理疾病，他對孩子施加的惡劣對待是這個疾病造成的，與孩子本身無關。這是小路，卻是必須走的路：回答孩子的問題，有時候要重整事實，但不要被激動的情緒帶著走，支持孩子對事態的意識，但不要加油添醋也不要迎合，尊重孩子的步調，他會以自己的節奏發現掠奪者的心理失調（有時很晚才會發現）。

孩子愈理解正在發生的情況，就愈能免於遭受最大的危害，亦即內化虐待而形成的自我厭惡。

無論發生什麼事，孩子最後對事態都會有相當準確合理的看法。孩子愈理解掠奪者家長的心理失調，就愈能對另一方保有清醒平穩的愛和忠誠度，這能讓孩子以最和諧順利地狀態成長發展。但願如此。

「掠奪者會讓孩子討厭我！」

即使依照我的臨床經驗，這種情況相當少見（孩子已經有時間察覺掠奪者的心理失調），也不得不承認這是可能發生的，而且又構成一種（極度的）不公平。掠奪者完全沒有健康家長的顧忌，會毫不猶豫且若有似無地詆毀、中傷、貶低和污衊另一個家長，就像他會毫不猶豫地阻撓健康家長為了孩子著想而採取掃興但必要的手段，進而削弱後者的權威。想出去玩被拒絕？他允許。規定某個時間就寢？他偏要違反。被處罰？他撤銷處罰。對方給了意見？那他就給相反的意見。當然，一開始這麼做很有效。這是掠奪者在攏絡人心時加入的手段：孩子偏向認同加害者，因為他感覺比受害者更可靠、更有威信。因此以下就是另一個支持分手的論點：透過離開，健康的家長顯示出自己的堅強、決心、鬥志，這些能讓孩子也認同他。

在所有這一切中，必須記住還有「時間」這個變數，我們在較量時常常忽略，而且不把時間視為決定性的因素。俗話說，如果謊言搭電梯，真相走樓梯，即使需要更多時間，真相終究會到來。孩子遲早會體驗到掠奪者家長的心理失調，同時也會發現健康家長的個性中被控制掩蓋、對自己心理成長帶來最多益處的面向（溫柔、冷靜、樂於助人、開朗……）。於是，他將能正確地看待事物，得到少見的成熟，即使是歷經艱辛獲得的。

「我自己一個人絕對辦不到！」

控制會降低獵物的自信心，這麼說實在太輕描淡寫，說單親家長的生活不容易也同樣太雲淡風輕。然而，獨自扶養孩子，像是傾聽他們、和他們說話、將價值觀傳達給他們、必要時也得讓孩子失望……比起和破壞你權威的家長一起扶養容易多了。和緩的氣氛也能讓孩子喘息，恢復平靜或安心，讓他們能夠獲得必要的力量和客觀，面對不太風平浪靜的童年終於告一段落。

面對所有曲折和考驗，我們可以看出，離開一段受困的關係絕非易事；如果獵物不願意這麼做，並且花了段時間才決定離開（當他決定時），那不是出於軟弱或缺乏意志力，絕非如此，而是因為獵物隱約預見這將會是一場艱苦的搏鬥，當控制損害獵物的心理，有時甚至是身體完整性時，他將不得不走上戰鬥的路。

別再用你的工程師
學位煩我們了，
誰不是工程師啊！

8 因為我最後覺得自己一無是處

自我形象瓦解

我們的自我形象非常重要，因為這會影響到我們與他人相處的方式、做出的決定、承擔的風險，以及我們在世界上的行為。這個形象從我們孩提時代就開始發展，是我們在過去與現在接收到（或沒有得到）的愛之果實、是其他人映照出對我們印象的結果（我們對這個印象沒有意識，而且我們很明白這一點）、是我們與他人比較的結果，也是我們心中定義自己是否是一個「很棒的人」的標準。

在解釋獵物為何留在控制關係裡的因素中，自我形象不斷崩潰就是其中之一。

要更入微地了解破壞機制，讓我們進一步了解自我形象。自我形象由三大支柱構成，我們將會逐一檢視，分別是：自尊、自我接納和自信。

自尊

自尊是自我形象的三大支柱之一，也是關於自我價值的評價。我有什麼價值？我是很棒的人嗎？自尊背後有一個根本的問題：我值得愛嗎？[1]此處討論的愛是有條件的愛，幾乎是消費主義式的愛，這個信念建立在愛是要努力贏來的，如果我們不夠好或不夠努力，就不值得被愛或被尊重。有時候，某些人甚至認為他們自己的存在理由是以滿足這些證明他們夠好的標準為條件。

用來自我評估的標準，大部分時候是基於我們從外界接收到的標準，也就是所謂出色或符合標準，亦即受到我們心中或他人認為的權威認可並獲得獎勵，我們與這些權威（起初是家長和小學老師，然後是青春期的朋友）進行比較。而受到我們的文化環境和身邊親友，以及最重要的伴侶認可，就是所謂出色或符合標準。在心理學中，所有這些標準稱為「自我理想」（idéal du moi）。因此，一個女人對自己的身體會有不同形象，端看她屬於視豐腴為美感的文化，或是生在瘦子至上的世界。在後者的情況中，如果這名女性的伴侶欣賞她的圓潤曲線，她自己的貶抑感受就會減少。我們內化的標準彼此交織、相互作用，產生變動的整體。

當我們的自尊成為自我形象的主要支柱時（沒有自我接納，也沒有太多自信），常常是因為自我形象在根本上過低並且傷害我們，我們會做許多事試圖將自我形象提升到心目中的理想，例如激烈的飲食控制、強迫性地追求文憑或升遷，以令人難以置信的努力為代價、以充滿被視作承載威信之目標的消費主義為方法。自尊就是這種消費主義的動力之一！

事實上，不過高也不過低的中等自尊，主要是為了讓自己擺脫自我的主宰。大致上來說，自尊不再介入我們和世界之間，也不介入我們和我們自己之間時，就是恰到好處的自尊。如果我的自尊過高，像病態型自戀人格者那樣，自尊就會支配一切：我做的一切是為了欣賞自己做這些事，我為自己陶醉，眼裡除了自己，還是只有自己和自己。矛盾的是，如果我的自尊太薄弱，也會出現同樣的狀況：我會看著自己做事、不斷批評自己，眼裡只有自己。而在自尊中等的情況中，我會按照自己的方式做事，事情完美與否並不是那麼重要。因此我能行動和感知世界，而不是在意評估自我，以將自己在世界上定出位置。我以原本的模樣，走在自我接納的道路上。

掠奪者與獵物的自尊

至於掠奪者，他企圖填補脆弱自我的裂口，雖然他是用灰泥為自己打造自尊，不過鍍上純金（大家還記得某個國家元首，在聯合國大會上宣稱自己的任期還不到一半，做的事就超

1 此處指的是最廣義的「愛」：愛情、友誼、尊重、認可、體貼。

過之前的所有總統，結果在聽眾席中引起訕笑，令這名元首非常詫異[2])。

由於掠奪者的自尊是假冒的，因此需要持續精心照料才能維持這個因假裝而脆弱的人物形象，維持假面的方法之一，就是透過糟蹋他人（尤其是獵物）哄抬自己。自尊是透過比較建立的，因此掠奪者會盡一切手段贏得競爭。為了取勝，他會利用兩種方法：其一，以貶低重挫獵物的自尊，其二，將自我理想強加在獵物身上，並且將標準提高至不可能達到的程度。

貶低

在控制關係中，掠奪者會不斷貶低獵物。貶低會透過較隱晦的方式，不需要詳細列舉也能大致上辨認出來。

- 以不容置喙的態度正面抨擊、惡意批評獵物說的、做的或表現的，甚至批評獵物本人（你很無能、你一文不值，以及其他更粗魯的話語），最後會傷害獵物的自我形象。即使一開始獵物有健康的自尊，這種打擊最後至少會令獵物開始懷疑自己。漸漸的，獵物會納入這些訊息，尤其當這些訊息是經過精心挑選，針對她不太滿意的部分，像是專業成就、外表、年紀、扶養孩子的方式（如果獵物有孩子）……同樣的，將獵物與其他人比較，或是針對獵物沒有也無法擁有的某個特徵（年紀、外形、不可能達到的狀態）大力讚揚，無論是否對獵物指名道姓，都會讓他理解到自己的不足。更糟的是，獵物可能會責怪自己有嫉妒心，在自慚形穢之外還加上羞愧。

- 非言語的方式也是貶低某人時非常常見的手段。此外，掠奪者可以聲稱自己沒有任何言外之意，指責獵物偏激或缺乏幽默感（非常經典的手法）。翻白眼、輕蔑或厭惡地癟嘴、挖苦的微笑在在表現出獵物有多麼卑微低下，但又用模糊到讓獵物足以困惑的方式，苦思究竟是哪部分讓自己丟臉了。是自己說的話或做的事？還是是說話或做事的方式？獵物內心隨時準備批評的審判者（和每個人的內心一樣）會與掠奪者聯手，用言語責罵凌辱他，讓獵物在認為自己不足的原因上讓他感到羞恥。

獵物的自尊就在持續貶低的影響下，就像遭受一次又一次的打擊而屈從了。

強加極權主義、不切實際而且自相矛盾的自我理想

我們已經看到，自我理想很大一部分是外在準則的內化。屬於人類行為之一的伴侶關係

2 譯注：應指二〇一八年川普的發言。

也會創造出共同且祕密的準則文化。每個伴侶多少都會將對方的喜好內化：她因為男伴喜歡長髮而維持長髮、他為了討好愛人而刮（或是不刮）鬍子，諸如此類。此處混合了兩個關鍵：一個是取悅他人，另一個是值得對方的愛和渴望。只要沒有人放棄對自己真正重要的事物，就沒有什麼神經質或異常的。在關係對等的伴侶中，這些準則並不是強制的，而是建議。有時候，我們會接受但並不是真心愛著對方的某些特點，有時候我們會商量討論、有時候順從對方的願望、有時候不自覺地調整自己……無論是否有意識，伴侶雙方都是提議的動力，彼此會找到還算適合自己的位置和功能（這不表示麵包屑弄到地毯上或是在玄關亂放鞋子時對方不會生氣）。因此，一對伴侶中，雙方的自我理想是在對方與共同功能的影響下逐漸改變的。如果改變很多，兩人最後甚至會有幾分相像……。

在控制關係中，掠奪者發揮主導的規範性、控制性和極權的影響力。他就是一個人該有的所有形式、做事方式和價值的裁決者。不遵守他的規定就會受到懲罰：騷擾、貶低、批評、貶抑的比較，或許再加上讓鄰居擔心的吼叫、成天生悶氣、連最小的忙也不肯幫，即使是最急迫或重要事物，例如放學去接孩子、轉帳到共同帳戶，甚至是開車載獵物掛急診！有些患者告訴我的事件再更加病態和暴力，這些事件幾乎和監禁沒兩樣，原因只是「你不准穿成這樣出去」，而有些人告訴我因為火腿片沒擺好或是裙子顏色太紅而遭受肢體暴力。

如果獵物決定遵守強加的規則，試圖安撫暴怒的掠奪者、恢復融洽和諧，或只是為了想要獲得安寧，那麼就會出現第二個動機：這些規則會隨著掠奪者的反覆無常而變動：先是強制某種行事方式，接著卻因此受到尖銳批評，而且掠奪者還會否認自己改變心意。遵守掠奪者的規則變得無比危險！

有些要求是不切實際的：沒有任何人能夠永遠看起來二十歲、在兩週內減掉十五公斤、賺到比現在更多的錢、想起他們忘記的事、在掠奪者什麼都不說的情況下猜到事情應該怎麼做。遵守掠奪者制定的規則是不可能的，但是獵物卻會因為做不到而遭受嚴厲批評，甚至更惡劣的對待。此外，即使獵物做到了，也還是會因為一個小細節而被批評（你是把整個廚房打掃乾淨了沒錯，但是你還是忘了清冰箱門的內側）。掠奪者不可能認可獵物做得很好，否則就無法貶低獵物以吹捧自己。

最後，某些強加的規定是自相矛盾的，因為掠奪者會以幽微的方式要求同時達到一件事與相反事件。一位女性患者告訴我，她的丈夫希望她的穿著不要太露，要顯得端莊保守（不能穿短裙、不能穿低胸露乳溝、顏色不能太多），然而外出時，丈夫卻把她和衣著輕薄短小的年輕女孩做比較，而且多次向年輕女孩微笑拋媚眼。另一名男性患者告訴我，他的掠奪者妻子指責他總是工作而不在家，錢又賺得不夠。更慘的是，妻子無情地說他在家時太黏人，害她都不能呼吸了。這種情況，即使獵物全心全意，也無法把這些矛盾的規定[3]融入自我理想，因為無論獵物做什麼，永遠都不對。

對獵物自尊的攻擊，是透過不斷貶低、以及極權、變動且自相矛盾因而無法實現的要求進行。獵物感覺自己很糟糕、不夠好、不值得被愛，而且無能為力，因為那是不可能實現的理想。

獵物最後會做出結論，是自己不值得被愛和受到尊重，這個結論並不會促使獵物為自己著想與尊重自己，更不用說離開這段破壞性的關係了。一個女性患者曾對我說，她很感激她的病態型自戀人格者丈夫忍受她，因為自己這麼醜、這麼笨、個性這麼難相處（每當她對丈夫的貶低話語有反應時，丈夫就如此指責她）……。

喪失自尊是憂鬱的根源、是獵物很可能遭遇的狀況，然而憂鬱的人不再積極，尤其是需要魄力的積極，例如分手。在極端的狀況下，獵物自殺就是完美謀殺的手法……用稍微黑色幽默的風格說，進棺材後要離開一個人確實很難。

自我接納

透過自我接納，我們討論的就是另一種類型的自我形象。接受自己，就是和自己當朋友、是放下無情的自我審查，不再緊盯著最輕微的失誤，而是以溫柔歡笑的方式接受自己不完美的人性面。自我接納絕對不會導致消極與不求進步的態度，而是讓我們能夠不患得患失地過日子。自我接納不是關於為了成為很棒的人而做某些事，而是單純為做而做並達成目標，就這麼單純。

伊里歐斯．柯蘇（Ilios Kotsou）[4]描述了一個關於該主題且相當具有啟發性的實驗。科學家測試一群大學生的自我接納程度，然後讓他們進行一場難度極高的考試，大部分的學生都失敗了。接著，科學家建議學生研讀一些補充資料並重新參加考試，同時測量學生準備考試的時間：結果出乎大家的意料，即一個人是為了自尊而熱中追求成功，並且認為唯一可以接受的動力是良好的自我評價時，比起自我接納較差的學生，自我接納良好的學生花較多時間讀書，第二次考試的成績也較好。這是因為他們不太會將自戀問題帶入準備考試的過程，因此能夠盡全力讀書，並且事先接受結果，無論成敗。當自戀或自尊問題太強大時，就會成為成功的阻礙。

自我接納是展現對自己無條件的愛（或友誼）。這無關乎「魔鏡啊魔鏡，說我是世界上最美的女人」這類誇張的自戀，而是清醒的溫柔，沒有條件、不需要為了贏得這份溫柔而做任何事。自我接納也展現我們對他人的寬容、尊重，以及我們愛人的能力：如果我能毫無羞恥地認識自己，不試圖表現出不同於真實自我的面貌，無論優點和缺點、強大和軟弱，那麼

3 在心理學中，我們稱之為「雙重束縛」或「矛盾訊息」。

4 伊里歐斯．柯蘇（Ilios Kotsou），《在喧鬧的世界裡，清醒地活》（*l'Éloge de la lucidité*），Marabout poche，2019，巴黎。

我就能以同樣的度量接納他人。當然，這並不能讓我們免於很難不面對的自尊、自我評價和自我批評的問題，但卻能大幅調節與維持平衡上述問題。

掠奪者與獵物的自我接納

這種自我接納對病態型自戀人格者而言是全然陌生的。他想要擁有（就像擁有物品）這種溫和、柔情、對自我能一笑置之的清醒客觀，以便採取有利的新姿態，表現出理智的模樣受人欣賞，然而他並不明白自我接納是怎麼一回事，因為他被病態自戀吞噬，單單靠病態自戀維持他高聳龐大的脆弱人格。因此，每當病態型自戀人格者無法偷走獵物的優點並占為己有時，他就會猛烈地摧毀獵物，尤其是當獵物的自我接納良好，因而很難對他施壓，讓獵物處於自己的控制之下時。掠奪者無法忍受獵物顯得泰然自若。

摧毀獵物的自我接納最有效的方法，就是讓獵物自己的存在、所作所為、不完美和特點感到羞恥，掠奪者會拚命將這些描述為缺陷。他會取笑獵物，在公開場合揭露獵物的私密當作大家的笑料，讓獵物處於不利的境地；在獵物以為獨自一人的時候跳出來以便譏笑他正在做的事；輕蔑激烈的尖酸言詞拒絕獵物自發的奉獻，最好是性方面的奉獻，但不限於此。他會用鄙視的嘲弄緊追著獵物，就像該隱墳墓裡的眼睛注視著他，直到獵物畏怯，再也不敢表達。羞恥感就像有毒的薄膜侵入獵物與世界、獵物與自身之間。在最難熬的時刻，獵物只會有一個念頭，那就是躲起來並消失。

在這種情況下，很難堅持說出自己的底線並離開。

自信

自信是意識到自己的心理資源、技能與能力，並基於這些資質接受合理的挑戰。自信並不是一開始就存在的，而是在應對挑戰時建立的，並且隨著成功而增長。

必須注意重要的一點是：自信是隨著我們對自身的力量、勝利、成功的感知、表現和意識增加，而不是實際的成功。我們只能透過對現實的感知和意識了解現實，自信也是同樣的道理：如果我們小看自己的成就，或是只把成就視為偶然和運氣的結果，自信就不會增加；反之，如果我們放大成就，把不太困難的挑戰轉變為偉大的成就，我們就可能產生幻覺，誤以為自己擁有強大的力量。我與一名女性患者會談，她說自己只讀過醫學系，言談中過度低估完成八年學業和實習需要的聰明才智、投入的時間、堅持不懈和人性；另一名女性患者則對每週採買感到洋洋得意，然而她沒有恐懼症、強迫症，或是任何可能阻礙完成這項任務的毛病，並把完成採買這件事確確實實地轉化成偉業。

沒有任何挑戰是客觀的：對一個人而言有如考驗的事物，可能對另一個人來說完全不是。同樣的道理也適用於在公開場合演說、參加一場都是陌生人的雞尾酒會、填寫行政文件……。

掠奪者與獵物的自信

病態型自戀人格者的掠奪動力分為兩個階段：首先，他注意到一個他認為美麗強大的人，試圖與對方配對，使自己浸淫在他從對方身上看見的優點中，享受他認為與對方往來所獲得的間接威望。這當然是一股錯覺、是幻象般的念頭：沒有任何人能夠透過與某人打交道就「偷取」對方的優點，而且與某人往來沾光時，我們充其量只是處於對方的陰影裡。第二階段漫長許多，也就是挫敗、嫉妒（帶有敵意的羨慕），以及破壞原本吸引掠奪者的特質。

在這方面，獵物的自信如磁鐵般吸引著掠奪者，獵物的成就也是。掠奪者打算跟在獵物屁股後面，彷彿獵物全部或一部分的成就也是他的。他很快就會幻滅，因為他終究什麼也沒達成，這打擊了他脆弱誇大的自戀，而且可能還會揭穿他的招搖撞騙。因此他必須盡快摧毀那些令他蒙受陰影的事物。

1. 貶低獵物的成就

我們已經看到，自信並不是建立在實際成就上，而是成就在我們眼中的表現，因此輕易就能動搖自信。對掠奪者而言，只要貶義地改變獵物對自己所達成事物的印象就足夠了。有許多手法可以做到這點（惡意破壞的創意是無窮盡的，因此以下列表[5]並不是要一一盤點其手段）……。

- 削弱成就：「你是醫學系畢業的？那又怎樣？每個醫生都是醫學系畢業的不是嗎？」
- 將獵物的成功與另一項偉業比較：「醫學系？再怎樣也比不上綜合理工學院或國家行政學院啦！」或「對啦，但你也只是家庭科醫生！容我提醒你，你可沒通過外科住院實習……。」
- 把成功歸因於獵物的優點和努力以外的因素：「醫學系？要不是你家有錢，爸媽都是醫生，他們逼你讀書，一定還動用了關係，否則你絕對進不了醫學系，相信我！」
- 嘲諷獵物所謂的驕傲[6]：「醫生身分這件事有完沒完啊？你以為這樣別人就不知道你的愚蠢和其它缺點嗎？大家清楚的很！」
- 把成就本身說得一文不值：「現在誰都能讀醫學系！文憑不值錢啦！」
- 把成功變成可恥的標記：「醫生？你是指和健康獨裁聯手吧？」

5 此處選擇「讀醫學系」當作例子，可用其他各種成就代替。
6 這是投射：事實上，掠奪者才是自大的人。

每一次獵物在某件事上獲得成功，掠奪者就會透過這些用這些「論點」駁斥，最後獵物認為自己到頭來沒成就什麼大事……他的自信也逐漸瓦解。

2. 散播懷疑的種子

考慮到先前的成就，只要理解到自己應該有能力，自信就會讓我們迎接新的挑戰。然而，接受挑戰總是伴隨風險和擔憂。掠奪者會趁虛而入，對獵物達到成果的機會播下懷疑的種子，增加預期的焦慮，或是單純破壞獵物成功的機會，例如在重要會議前和獵物大吵一架、「忘記」傳達重要信件或訊息、「搞錯」文件、在獵物需要的時候開走車子、洩漏敏感或有損名譽的資訊、散播謠言……。

於是，獵物萌生離開念頭的時候，不再有把握能面對與掠奪者的衝突、克服掠奪者布下的障礙、釐清困住自己的各種陷阱、無法獨自一人掙脫，有孩子的話更是如此。「沒有我，你是無法解決難題的」，這是患者常常告訴我的黑暗預言，一次次說出這個預言，最後刻進獵物的心靈，令他們焦慮到動彈不得。

三大支柱的交互作用

自尊、自我接納和自信形成一個系統，也就是說，每一個支柱都會與另外兩個支柱產生交互作用。

- 足夠的自尊可以實現自我接納，尤其是清楚認知到自己的優點和缺點，不過高也不過低。也能讓人有足夠的信心迎接合理的挑戰，進而滋養信心。
- 自我接納能讓自尊穩定平衡，也就是說不會令自尊過度誇大或過度低微，因為其自我評價是成熟且帶有善意的。自我接納也令人能夠承擔風險，而不會帶有過多自戀問題，否則反而會阻礙行動。
- 最後是自信，成功的時候可以加強自尊。自信也能令人迎接新的冒險，讓人知道自己有必要的心理資源接受失敗。

這項系統中的三大支柱彼此連結，也支持彼此。因此，一如所有的系統，改變其中一項組成要素就會改變整體的穩定度；只要破壞一個支柱就能讓整個系統運作變差。如果掠奪者先對系統中的一部分動手，就會導致獵物陷入死亡螺旋，但我們要更實際一點：通常掠奪者會想方設法破壞整個系統。不管在什麼方面都不能有人比他優秀，維護他的誇大自戀才是當務之急。

要看清事態全貌，務必記得，誘惑和破壞階段的交替在摧毀獵物的自我形象中具有重大作用。掠奪者讓獵物感到羞恥時（破壞手法之一）會疏遠彼此的關係：感到羞恥的獵物會隱藏自己，不再信任掠奪者。最後，這反而會妨礙施加羞辱的掠奪者掌握足夠資訊繼續搞破壞。

因此，有時候掠奪者必須假裝和顏悅色，讓獵物恢復信心。他會誇張地讚美獵物（必須對此有警覺）、讚揚他的優點和成就，表現得像剛認識那樣充滿愛意、迷人風趣、尊重，甚至比過去更好。不再擔心、得到安慰的獵物充滿希望，會逐漸恢復較正面的自我形象。原本認為自己不配被愛的獵物，感覺到寵愛和讚美，最後獲得認可與尊重，他找回王子（或公主），滿懷希望、相信終於雨後天晴。獵物會再次信任掠奪者，對他敞開心扉，訴說展現其他事。關係恢復融洽到高點時，再度展開破壞的火力就會更強大，而且也會讓獵物摔得更重：被捧得愈高，跌落時也愈慘烈。只可惜，這種循環在書中說來簡單，但在現實中卻很難察覺，很可能會無止盡地發生。每一次都會一點一滴地侵蝕獵物的自我形象、自尊、自我接納和自信。

自我形象嚴重受創時，該如何應對脫離控制和分手的難題？這是重大挑戰，戰勝這項挑戰就是了不起的勝利。

恢復均衡穩定的自我形象之進程與困難

不要自欺欺人：找回能夠讓自我舒服生活的自我形象需要時間，接受這點就不會陷入絕望。獵物最後不僅能找回還不錯或平衡的自我形象，在擺脫控制的過程中更能增加新的心理資源和能力。只不過，必須接受繁重浩大的工程，一步一步慢慢來。畢竟羅馬不是一天造成的。

1. 意識並理解掠奪者的手段

獵物常常經由研究、閱讀、說明影片理解事態，然後減輕內心的焦慮。因為對獵物能力的貶低、羞辱、質疑的原因並不在獵物本身的特質，而是在於掠奪者的病態動機，想要壓過在他心目中太過耀眼而搶走風頭的獵物，想靠貶低獵物提高自己的自尊心。掠奪者的行為是受到敵意的羨慕驅使，若說掠奪者嫉妒，那也是被獵物擁有的特質激起！以下這條整體評斷相當受用，切記，掠奪者有多欣賞獵物，破壞程度就有多大。

2.重新建立自尊

一如我們已經了解到的，自尊一部分是建立在他人看我們的眼光上，這項觀察就指出一種可能的方向。獵物向他認為懷有善意但不諂媚的周遭人們解釋自己的觀點後，他會逐漸對他們說出自己的疑問，所有那些關於獵物本身與其價值的問題：「你覺得我的個性很差嗎？」、「你覺得我這樣做是不是蠢到不行？」，諸如此類。獵物可以與親近的人（人數多較佳，收集較多觀點）討論，但也可以在心理治療小組之類的環境中進行。

獵物也可用書面形式（書寫能迫使獵物的思緒清晰，寫下清單時也會逐漸意識到問題）列出掠奪者提出所有在獵物自我理想中扎根的要求，以辨別自己是否想要保留這些要求。她真的有必要嚴格控管飲食以維持纖瘦苗條嗎？他真的老醜到有必要不能讓他見人嗎？絕對不可以說髒話、而且無論如何都要使用書面語嗎？她穿牛仔褲而沒有總是打扮得光鮮亮麗真的這麼糟糕嗎？每天不用吸塵器就是髒亂的女人嗎？這份清單列出了獵物在控制期間所經歷充滿恫嚇命令的話語，能讓獵物放下他不想接受的要求，以較成熟的方式評估自己。如果獵物有意願，他可以將喜愛的哲學家或作家，或單純是欣賞對象的思想，為嶄新的價值觀花園撒下種子。

3.重新建立自我接納

接受他人的不完美

根據我的經驗，當我們開始練習溫柔地接納他人時，比較容易建立或重建清醒溫柔的自我接納。曾經是獵物的人可以練習辨認哪些時候自己在評判他人，然後試圖理解導致自己批判的人做出如此行為的動機，直到他的怒氣消散。這個人並不完美，一如所有的人類。人天生不完美，可以不斷改進，這樣是很不好的事嗎？接著，如果獵物夠細心堅定，就能更容易把這個道理套用在自己身上。某件事做得不怎麼樣嗎？確實，事情就是如此。他有辦法彌補嗎？如果可以，那就平靜地補救，承認自己的錯誤，但不要滿腦子批評。如果沒辦法補救，那就溫和地承認自己也只是一個人。即使有任何悔恨，事情也就這樣了。他不完美，遠非完美，但這沒什麼好羞恥的。如果可以，下一次會做得更好。

欣然接受自己的陰暗面，在其中為自己找尋力量

獵物也可能看著對方某種令他惱火的特質而自問，他是否也有同樣的特質而自己無法

接受？這更具挑戰性，卻非常有效。面對這個大吃巧克力修女泡芙的胖女人怒火中，他的心底難道沒有一絲想做同樣事情的渴望嗎？而在這份渴望中，難道沒有一顆珍貴的自由種子促使她擺脫纖瘦的鐵則，決定以自己的標準吃喝、允許自己滿足口腹之欲，就像胖女人那樣？這是多麼溫柔的心情啊……面對某人的裝模作樣，以及她感受到的怒意，難道她沒有在鏡子裡看見自己巧妙隱藏的矯揉造作嗎？而在這該死但極為人性的裝模作樣中，是否有一顆自我認可的種子需要她灌溉？如果那個看起來自命不凡的人也是如此呢？對於可能犯錯的人性共同點，這份接納是如此溫柔……。

我會犯錯或做蠢事嗎？喔，對啊！

接下來，獵物可以練習「喔，對啊」，注意到自己的每一個失誤、每一個不完美時，都要對自己說這句話。出現新的皺紋或一根白頭髮嗎？胖了一公斤？喔，對啊。那又怎樣？他能為此，而且有意願為此做些什麼嗎？她講了蠢話？喔，對啊。她又不完美，她也是人。他對超市收銀員的態度很差嗎？確實令人懊悔，但是，喔，對啊，事情已經發生。他想回去道歉嗎？這是不是表示休息一下會有幫助？下一次他會做得更好，非常有可能，畢竟他已經接受態度暴躁的結論，沒有找藉口逃避良心的譴責，沒有受到辱罵，也沒有感到內疚，而這些通常會妨礙他承擔責任。

我也是能把事情做好的人嗎？喔，對啊！

最後必須記得，接受自己也表示意識到自己的成功和優點。我的韭蔥酥皮派做得很成功？喔，對啊，那真是太棒了。我是醫學系畢業的？喔，對啊，而且我很滿意。我的眼睛很美？喔，對啊。知道這些事很令人開心。這無關乎驕傲，驕傲是否認自己的不完美，只想看見自己的優點、誇大凸顯優點，而且利用自身優點輕蔑他人。這種對自身優點與成功的平靜認可，不為此大張旗鼓也不為此辯解，讓人能夠為他人的優點感到開心、不感到嫉妒。這種態度從根本上與病態型自戀人格者完全相反。

4. 重新建立自信

至於我們的目的，首先要認可擺脫控制本身就是一場勝利。如果獵物沒有告訴自己，他留在關係裡是因為軟弱、受虐癖或心理障礙，而是意識到自己為了重獲自由，已經越過一個又一個障礙，就會發現自己擁有強大的心理資源，有一些是連獵物自己都不知道的。

憑著這股衝勁，獵物可以列清單（最好寫下來），列出他成功的事、所有他會做的事，從最微不足道到最巨大的挑戰。每一次，獵物都必須停下片刻，意識到這一切都不簡單，然而他有辦法、有能力做到。

順帶一提，必須指出，認可一個人的成功，有助於重新建立自我形象的三大支柱：自尊（我成功了，所以我是很棒的人）、自我接納（接受自己，也是對自己做得好的事情不故作謙虛，亦即不過度謙卑），最後是自信（我知道自己能做到，這讓我對自己的能力有信心）。

為了嚇唬獵物，掠奪者常常說獵物沒有自己就活不下去。對於這種說詞，獵物必須意識到，直到這一刻，即使有掠奪者、即使他糾纏騷擾和試圖破壞，獵物還是堅持住了。一旦重獲自由，獵物只會過得更好，即使離開時必然會有一些艱苦困難的時刻。他終於可以開始休息、慢慢恢復，不再受到控制的持續影響，而狀況會愈來愈好。

自信會隨著成功建立，只要你看見成功，認可成功。我們必須把注意力放在這種認可上，一步一腳印，取得一個又一個勝利。要重建自信，必須注意到每一個勝利，即使是微小的勝利，花些時間去意識勝利，為自己喝采：「我做到了！」如此一來，獵物就能在充分了解自身可能性的情況下，繼續迎接合理的挑戰。

9 因為我愛他／她啊！

愛情

當我的患者問自己為什麼留下來的時候，心中立刻浮現的答案之一是：「因為我愛他啊！」這點自然不在話下。因此，我們必須從愛情的角度重新檢視前面討論過的內容。病態型自戀人格者擁有可怕的天賦，把獵物溫柔的優點變成弱點緊緊抓住，如開採露天礦脈那般毫不保留地剝削。

獵物愛上摧毀自己的掠奪者？如果沒有進一步檢視，我們可能很快會做此結論：獵物愛他，因為獵物喜歡被摧毀。這不僅聽起來相當有侮辱性，導致獵物的自我形象崩潰，而且這也是錯誤的。我們有必要更細膩地理解其中的動力如何運作。

迷戀

Innamoramento（迷戀），這個義大利詞出自弗朗切斯科．阿爾貝隆尼（Francesco

Alberoni）的傑出著作《愛的衝擊》（*le Choc amoureux*）[1]。「迷戀」是指我們墜入愛河的那一瞬間，彷彿與這個人的相遇如此特別、融洽完美。必須注意的是，我們並非隨時隨地都會墜入愛河：在需要擺脫危機或是生活陷入百無聊賴時，我們會不由自主地以特殊眼光看待周圍的人們，尋求能夠激起我們進行一場革命、大轉變的人，重新打造一切。

阿爾貝隆尼形容「迷戀」是一場兩人的革命運動，分為相遇之前和之後，相遇將決定煥然一新、重新詮釋的人生轉變，轉向兩人一起建立的嶄新動力。因此，獵物常常在危機之後，渾然不覺地進入掠奪關係，這也就不意外了。此時此刻的人生，獵物們幾乎不惜一切，只想盡快找到擺脫困境和委靡消沉的方法，有時乍看給人一種鑽牛角尖的印象，即使局外人已經可以看出某些警訊。我曾經在某處讀到一句話，除了風趣也發人深省，而且非常有道理：在危機時選擇伴侶，就像餓著肚子去買菜，會亂抓一通……最好先克服危機、改變生活，再去談戀愛！

受困後，當掠奪者開始破壞，驚恐不安又滿心痛苦的獵物心想，他的白馬王子以及和他展開的新生活怎麼不見了？獵物挖空心思想找回當初的白馬王子，畢竟他已經深深愛上對方，渴望嶄新的動力。

除此之外，獵物在晚餐和其他親友聚會中見到這個迷人的伴侶，因此他一定是真實存在的。獵物變得執迷，滿腦子只想著他和眼前的處境，使出渾身解數施展魅力以找回王子；他把這種持續的掛慮當成愛，這固然是殘忍的愛，但充滿激情和活力。當獵物厭倦這場戰爭，開始不再期待得到任何愛，打算離開這段關係時，掠奪者只消重拾誘惑的手段就能重新展開蜜月期。更重要的是，這向獵物證實了他所愛的人確實存在，或許他的努力得到回報了。這一切都會促使獵物忘記其餘的事。

於是，他留了下來，留在這段透過重新施展的「迷戀」而更加鞏固的愛情裡，聽起來就像奇蹟。

依戀

在一般情況下，沒有運用任何手段改變事情的發展時，「迷戀」不會持久，若最初的熱情不是猛烈的愛火時，「迷戀」就會被更有利的依戀取代。依戀可以持續很久，比較平緩、溫柔、不那麼熱情，但同樣強烈或甚而有之。依戀不像春天花朵的繽紛鮮活，而是像大樹一樣緩慢堅實地向下扎根，讓伴侶成為無條件的盟友、成為我們生命中幸運的見證人；每一個伴侶都握有理解對方發生什麼事的關鍵，因為他了解對方，知曉對方的過往。

依戀由共同文化（用餐禮儀、床笫禮貌、共同意見等等）、熟悉、溫柔與令人安心的習

1 弗朗切斯科．阿爾貝隆尼，《愛的衝擊》（*le Choc amoureux*，原文為 Innamoramento e amore），Pocket，2018，巴黎。

慣構成，以及讓伴侶關係長長久久的關鍵要素：也就是友誼，並且有伴侶關係的獨特肢體語言。在依戀階段中，即使伴侶做愛的激情程度稍微降低，卻會共度更多日常生活，通常是非常美好的分享。碰上難題時，互相扶持就更容易跨越。組成融洽伴侶關係的人類，精神和身體的健康狀況都很良好。驚慌失措、身處壓力和痛苦中的獵物既困惑又疲憊，強烈需要這種依戀，以得到愛、安全感和慰藉。他會錯以為自己的伴侶關係能夠帶來這種他極度需要的安穩。獵物一次又一次，緊緊抓住細微的溫柔跡象，試圖在每一個休戰時刻鼓勵自己，在燉煮火鍋或安裝層架時維持感情融洽的白日夢。這是悲慘的處境，因為獵物從折磨的源頭尋求慰藉，這個行為無疑是飲鴆止渴。愛情蒙上陰暗的色彩，這是創傷的連結。

同情與協助的意願

另一個動機似乎是構成獵物依戀的一部分：獵物察覺到掠奪者的痛苦，引發了同情心和想要幫助他好起來的願望，甚至想幫助他痊癒，因為獵物深信掠奪者的內心深處是一個好人。獵物不願拋下這個自己深愛、受盡折磨的人留在悲慘命運於不顧，這只會讓掠奪者的折磨雪上加霜。獵物認為，只要付出很多愛就能將掠奪者從苦難中救出來，就像《美女與野獸》的童話。

獵物注意到的痛苦，其中既有錯覺也有正確判斷。他將掠奪者的破壞性和憤怒解釋為一般心理障礙的結果，雖然大錯特錯，但是獵物維持了心愛之人的（虛假）形象。事實上，掠奪者的心理障礙既不是溝通不良，也不是辦公室或其他地方的煩心事，更與痛苦童年的神經性折磨無關，因為痛苦的童年透過許多愛和良好的心理治療是可能減緩和痊癒的。實際情況比這些都嚴重，無論獵物再努力付出柔情、溫和的溝通、努力解釋個人發展並與之對話，以及其他許多資源都無濟於事。

首先，這是因為沒有任何人會在他人的促使下就改變（這是好事）。再者，這是因為即使我們有意願，改變也是漫長艱難的過程，而且在某些方面是不可能的。找我諮詢的人都有一個要求，他們付錢給我，因此他們得努力工作，但仍常常回來諮詢，然而有時候情況無法如他們所願，且他們是有意願改變的，那麼你可以想像一下，從外界促使某個人改變，而且是對沒有開口要求的人這麼做，根本是徒勞……。

然後，動機也更嚴肅，因為病態型自戀人格是掠奪者的防禦堡壘，防止他自我碎裂，否則將會導致精神病[2]。因此，要求他改變就像要求溺水的人放掉浮木，既不合理也毫無希望。在特殊情況下，治療師只能為掠奪者帶來表面上的改變，而且絕少禁得起時間考驗。

然而，當獵物在意識邊緣察覺到自己正在支撐病態型自戀人格者的防禦堡壘時，這個感

2 真正的瘋狂，是精神病院裡出現幻覺和譫妄的患者。

覺是對的。因為獵物接受了掠奪者的運作模式，發揮精神垃圾桶的功能，有時候進入掠奪者同樣的妄想世界觀，這些都會助長掠奪者維持假象。

只要獵物還沒決定終止支撐瘋狂的使命（他能做的也只有這樣了，沒有其他改善的希望），犧牲自己的生活、身心健康，往往還有許多其他獵物珍視的人事物，只要獵物還沒完全接受這一切心力頂多只能維持模糊的現狀，獵物就會出於愛而留下來，滿懷希望能夠改變情況。

接受愛自己勝過愛他人之進程與困難

當然，聽令停止愛是不可能的。規定停止愛人是不切實際的事，甚至很殘忍。此外，這可能也不是必要的，況且離開還愛著的人更加困難。其實還有其他路可以走……。

1. 了解病態的動力

了解正在發生的事態絕對是關鍵。研讀相關主題的書籍與其他資料，有助於以不同方式領會掠奪者的行為。當獵物看出病態，了解到自己與這段關係的失調沒有關係，當獵物明白掠奪者的惡意並不是因為自己的緣故，就跨出了第一步。

獵物會在之前的理解與現在的發現之間搖擺不定，然後漸漸注意到書中描述的情形正在他的真實生活上演，他甚至可以預測掠奪者的反應，這些反應在以前是會令他詫異的。獵物會發現眼前這個自己如此深愛、付出許多、分享許多事物的人，自己對他的認識錯得離譜。當獵物能夠正視這一切時，他會感到無比震撼，寬慰、絕望和憤怒交織。獵物往往會後悔、會怪罪自己。獵物正是在這條路上，隨後會驚呼：「我之前怎麼會沒發現？我到底為什麼會留下來？」

2. 接受情況不可能好轉

接受這點需要時間，很多時間。我們常說，希望讓人活下去，然而，若是建立在幻想上不切實際的希望，那就會散播悲痛和心碎。然而，放手是多麼困難！將對方理想化的同時又要停止愛他，這是多麼困難！承認這段滿足所有心願的夢幻關係竟然只是一個誘餌，這是多麼困難！多麼傷心絕望，痛不欲生。

對病態型自戀人格者的病態研究讓我們明白，一切不可能好轉，而是必須先克服達克效應（effet Dunning-Kuger），這是一種認知偏差，當我們剛剛理解一個事實、概念之類的時候，整體上會導致我們高估自己真正的理解，必須要更進一步了解並承認自己並沒有知曉一切。一名男性患者有段時間曾堅稱，精神病能透過有建設性的對話治療，幫助對方發現、分辨自己的妄想，而他就如此對待他的女性掠奪者。這麼做絕對無效，然而他堅信自己是對的。問題是，在這樣的情況下，他沒辦法了解什麼是精神病。必須更進一步研究精神病，或是長期接觸思覺失調患者和妄想型人格障礙者，才會明白妄想的念頭無法動搖。而要承認這一點實在太困難……。

然後，有一天，獵物會明白並接受，自己帶來沒有任何幫助和用處，不可能完成這項他所賦予無私的使命：治癒掠奪者。他會理解到，自己的犧牲除了傷害自己，沒有任何意義，充其量，他的愛只會得到非人性的「愛」作為回報，和對手提包或汽車的「愛」沒有兩樣，這就是病態型自戀人格者唯一能夠給予的愛；最不濟，而且也是最常見的情況，獵物只會遭受掠奪者的破壞性攻擊和虐待。因此，如果獵物還有能力，就會離開。終於離開。

如我們所見，光是控制機制就能理解獵物為何留在陷阱中，有時候長達數年，甚至數十年。獵物陷在穿插態度大轉變但期間一切順利的破壞性關係裡，內心混亂無比、質疑自身的價值、理解力和心理健康、無法準確記得發生的情形、其他人消失了或是不理解交往關係而使得獵物孤立、物質上受困，而且往往仍愛著對方，於是獵物做了一般人在這種情況下會做的事：他不做任何決定、不反抗，然後慢慢地習慣了處境。畢竟他需要活下去。

然而，如果不考慮獵物的特定弱點，也就是讓掠奪者趁虛而入、無恥剝削的弱點，就無法看見事情的全貌。「我看見他人的缺陷就會大肆加以利用」，這是一名病態型自戀人格患者寫給我的訊息，他在我的描述中認出自己的特徵。這些弱點和缺陷本身並不能解釋控制，但會強化控制。

獵物務必考慮到這些因素，以免一直處於無助受害者的境地。

意識到自身的弱點、信念、功能障礙的面向，才更能理解阻礙自己的因素；只要持續處理解決自己的特定問題，將能增加擺脫陷阱的力量，縮限再度落入陷阱的風險。

Part 2

獵物的脆弱

不要抱持幻想：每個人都有故事，而且世界上並不存在完美，因此任何人都不可能展現出毫無瑕疵的心理健康，也就是適應性良好又靈活，在現實中也不可能沒有絲毫缺陷、弱點和功能失調。獵物也不例外，掠奪者能察覺到這一點並毫不猶豫地利用這些缺陷。

缺陷、脆弱、功能失調……這些名詞究竟是什麼意思？這一切，一部分由信念組成，另一部分則是壓抑的情緒，後者大部分根源於童年時期。因此，這些無法擺脫的恐懼、悲傷、憤怒和厭惡進入行為機制，強化信念並決定了我們觀看世界的濾鏡。這些構成一個系統，稱為「生命劇本」（scénario de vie）或「基模」（schéma），上演人們大部分時候不會察覺的重複。然而，即使情境和主角不同，前提（信念）和後果（確定的信念、功能失調和固著行為、阻斷原始情緒）也會類似。舉例來說，如果我擔心自己被拋棄，因為這是我童年發生過的事，而且我深信除了我絕對想要避免被拋棄的情況之外，不可能有其他情況會發生在我身上，因此我會將對方最細微的一言一行都解讀為這件事正在發生的證據。擔心又憤怒到發狂的我，很可能會不斷發脾氣、說難聽的話和大吵大鬧、變得多疑又黏人，最後導致我害怕的後果。然後我會告訴自己，相信並且預知自己會被拋棄果然是對的……。選擇一個不會拋棄我的伴侶，但我又下意識地促使對方離開我，或是決定不再進入任何伴侶關係避免被拋棄，確保不會經歷壓抑的情緒。我的劇本美妙地運作，然而我遲早會碰上壓抑的情緒。

大部分遇見掠奪者時，初始的脆弱正好被困難的外在環境重新喚起：像是哀悼、失落、不可預測且不穩定的變化。此時的時機成熟到獵物足以相信掠奪者編織的美麗謊言。人不是隨時都會墜入愛河，有時候獵物甚至不是真的戀愛，而是因為需要被支持，於是說服自己踏入一段關係。一切準備就緒，只待跳起凶險的舞步。

某些生命劇本或基模會使人特別容易遭到掠奪。我們將逐一檢視這些特定的主題。必須留意的是，在真實生活中，一個人會有多個互相連結的基模，勾勒出他們的特定輪廓。這些重複的劇本相當重要，無論劇本的強度如何，掠奪者都會加以利用，強化並增加劇本的痛苦與危害性。

這個陷阱看似無解，事實上要逃離也確實特別困難。然而，生命劇本的每一次重複，都是開啟意識與悅納壓抑情緒的可能性，並不再否認這些情緒。如果我終於能夠有意識地活著、體驗並經受這些在初次發生時由於強度太激烈而被埋藏的痛苦，那麼我將從害怕經歷痛苦的恐懼中解脫，我的基模主題將不再是我的主體。造成痛苦的是抗拒經歷痛苦。如果我接納並經受痛苦就能解脫。

別忘了，尤其是若你覺得內文的情境彷彿在說自己，這些是生命劇本的「純理論」一類型的描述，在現實中並不存在。

真實生活總是比理論模型更複雜。「平均人」並不存在，那是對共同重複的特性觀察，這些特性一定會受到每個人的獨特性而有所不同。也務必記住，文中描述的特徵是經過強調和放大，以盡可能展現它們的特質、突顯這些特徵的主旨和特殊變化。採用對你引起共鳴的部分，而非把自己受限於變成標籤、貶義評斷，甚至令人心灰意冷的判斷中，是為你開闢走出控制並變得更好的途徑。

10 因為我害怕對方離開我

擔心被拋棄

害怕被拋棄會引發對他人（尤其是伴侶中的其中一人）突然離開的恐懼，令被留下來的人陷入自己認為不可能克服的強烈痛苦和絕望。只要出現一丁點可能被拋棄最細微的跡象，這個人就會變得過度警覺，為掠奪者提供了可以利用的切入點，讓其鞏固控制關係。

害怕被拋棄的根源

當孩子度過一段安全感的信任關係，而這段關係戛然而止時，孩子就會體驗到強烈的恐慌。確實，孩子無法獨自生存太久，他需要成人的照顧與照料他的基本需求。成人的消失讓孩子體會到極度恐怖、痛苦、憂傷，由於難以承受，以至於孩子阻斷了這段經歷。幾乎終其一生，他都會面臨再次被拋棄的恐懼，被視為重大危險的恐懼則會引發壓抑的情緒。即使長大成人，能夠獨力滿足自己的需求並生存下來，這股恐懼多少仍留在他的心中，害怕再度經歷這種痛苦。

被拋棄的情境可能很悲慘，也可能很微小：除了真正的遺棄，還有家長過世、戰爭、暴力或危險的處境會產生真正的風險，這是孩子多少能夠明白的；家長分開，孩子再也見不到其中一名家長，或是再也無法與其保持親近；父親或母親的憂鬱、對孩子沒有同理心、疾病、毒癮、成人照顧者的擔憂等等，都會造成「心理缺席」的體驗。比較不悲慘的經歷包括孩子在商店或海灘走丟、托兒和學校，有時會造成被遺棄的體驗。被遺棄的體驗比真正發生的情況重要許多：創傷性記憶中被壓抑與封存的情緒才是真正的關鍵。上述的所有情境未必會產生創傷，但有時候會在不湊巧的時機以糟糕的方式發生，例如孩子特別疲倦，或是因為其他事件而在情緒上特別脆弱（生病、遺失心愛的物品、祖母或叔叔離去、搬家……），情緒變得極為強烈而遭到壓抑，便形成害怕被拋棄的脆弱。

害怕被遺棄在成年生活中的表現

成年後，如果對於被拋棄的經歷很敏感，很可能會滿腦子都想著失去親近的人，首先就是伴侶。舉例來說，你可能會擔心他死亡、無預警地突然消失、分手和別人在一起……你生活在永遠的焦慮和擔憂中，使你對任何可能暗示內心最深處恐懼正在成真的跡象都感到極度警覺。你生活在一個被拋棄的威脅無所不在的世界裡，由於不惜一切想要避免被拋棄，很可能變得只專注在這件事上。

你可能會感到嫉妒、與潛在對手不斷競爭、占有慾強、難以忍受伴侶的缺席，即使對方的缺席是正常的（例如工作，或是與你無關的活動）。你常常黏著對方（你並不喜歡這樣，然而你不由自主這麼做）、走到哪跟到哪，當長時間分開或是沒有對方的消息，即使時間在合理範圍內，你就會感到強烈的痛苦難熬。再次見面時，你可能會大發脾氣且把場面弄得很誇張：事實上，你幾乎重新經歷最初的創傷性情緒，這是你最害怕的事，並極力保護自己不要受傷。

害怕被遺棄的弱點被掠奪者利用

誘惑階段

掠奪者已經察覺到這個情感上的漏洞，因此立刻趁虛而入。他會以令人安心的存在感誘惑你，對糾纏你的憂慮展現無盡的耐心，時時刻刻都讓你放心。掠奪者會以最快速度回覆你的每一封訊息，自己也傳送大量訊息；當你表現出嫉妒心時，他會展開誇張讚美和永恆承諾的轟炸；帶你出席所有場合，接受你隨時黏在身邊，而他也報以如膠似漆的表現。如果你害怕因為一次缺席而失去他，因此大發脾氣，他也會欣然接受，他會讓你放心、給你承諾、安慰你。由於盡可能讓你安心（畢竟你永遠無法完全安心），你放鬆了並投入感情，彷彿終於遇到「真命天子」。陷阱已經關上，這一次是心理的圈套。對你而言，掠奪者有如你最深層恐懼的解藥，而你感覺終於不再活在被拋棄的焦慮中。

破壞階段

要讓害怕被拋棄的獵物產生壓力和痛苦，真是再簡單不過了：只要利用獵物的恐懼，啟動他的基模即可。不回訊息或是很晚才回覆、長時間缺席也不給理由、不掩飾地提起某個異性讓獵物吃醋，甚至偷吃但刻意留下線索、毫無解釋地消失並在不久後再度出現，可能性族繁不及備載。

接下來，當你因為這些導火線（任誰都會對這些無法接受的行為有反應）而有所反應，再加上特殊弱點造成的反應過度，掠奪者就能輕鬆批評你、羞辱你、暗指你的精神異常。尤其是你的憤怒，將會成為引發火爆場面的理由，甚至成為掠奪者使用肢體暴力的藉口。

掠奪者愈是重複這些暴行，你愈會因為太害怕經歷被拋棄而抓著他不放。難道他不是

1 事實上，唯一能夠修復你的事物，就是接納與被遺棄的恐懼有關的情緒；如果你目前感覺可以正視這件事發生，那麼就會停止為自己找藉口、避免狀況發生（同時又激起事件發生），你的基模也會停止運作。

那個讓我體會到有「修復效果」、安全感的「真命天子」嗎？如果你厭倦了這個無止盡的迴圈，最後做出離開這段關係的決定，掠奪者只消切換回誘惑階段，虛情假意地道歉、表現出虛偽的同理心、再次讓你放心。直到下一次露出真面目，**永無止境**。

該如何擺脫害怕被拋棄？

人會評估挑戰，也就是在壓力特別激烈具破壞性的時刻，面對自身最大的恐懼。心理圈套相當可怕，比起物質圈套有過之而無不及。擺脫心理圈套不僅能讓你走出這段控制關係的陷阱，更能擺脫浸染你一輩子的劇毒。

請記住，有時需要專業人士的陪伴。人不可能永遠既是患者又是治療師。在走出創傷之前，以下有幾個方法……。

1. 以較實際的方式面對成年人之間的關係

懷抱絕對不會實現的期待，就是絕對會失望的方式。必須擺脫幻想，這些幻想有時候來自弱點，有時則來自我們文化中偶爾有害的迷思。

「真命天子」是錯覺

這個想法固然很浪漫，但若這個概念的意思是，每個人都只會遇到一個人，只因為他是「真命天子」，所以能夠與其共度幸福完美的一輩子，那這個想法就是錯的。能夠與我們建立美好戀愛關係的潛在伴侶數不勝數，而且我們的一生中，一定會談好幾場戀愛。人類的預期壽命變長（同樣是單一伴侶，在五十歲死去與活到九十歲無法相提並論），尤其伴侶關係是主要建立在戀愛感，而不再只是單純的日常生活和遺產（特別是當女性投入職場），更能解釋這個狀況。

此外，無論多愛伴侶，對方一定有些我們現在不喜歡、未來也不可能喜歡的特點：他的襪子隨地亂丟、打扮邋遢、會打呼、不好笑的笑話也會哈哈大笑；她的鞋子太多、愛讀無腦的小說、走到哪亂到哪……。而且，我們不喜歡的「缺點」其實通常正是我們所喜愛優點的一體兩面：他喜歡和她談天說地、她的素養和好奇心，但就必須忍受她花在閱讀或參加座談會的時間；她喜歡他能逗自己笑，而且總是輕鬆又隨和，但是他很少買對優格，因為他心底並不在乎、他笑看一切。

最後，伴侶沒有義務修復我們的童年創傷，即使令我們的基模轉動的人散發難以抗拒的吸引力。像孩子一樣期待從愛侶身上獲得毫無缺陷的安全感，這是不合理的，而這個伴侶也沒道理像個幼兒的母親一樣隨侍在側。成年人有界限、有自主活動、有自己的祕密花園，這些都很正常；再說，伴侶不會一天到晚黏在我們身邊，正是其魅力的一部分（有匱乏才會有欲望嘛……）。

有必要好好思考並吸收以下的概念：任何伴侶都不會像媽媽一樣可靠，而且這也不是伴侶該操心的事。任何成人之間的關係都無法避免關係破裂時可能帶來的痛苦。愛有時候會持續，但通常很快就消逝……。

每一次小小的缺席，並不代表對方要離開你

為了終結把每個細節詮釋為要被拋棄的根深柢固念頭，就得以科學家的態度檢視自己的人生：比較期待與實際發生的狀況。每次你確信沒有回應或是長時間缺席是拋棄的跡象時，就寫下你的擔憂和預測（這一次，他一定會永遠離開），幾分鐘或幾小時後，寫下實際發生的事。你會意識到絕大多數的情況，你的伴侶都會回來，他完全沒有離開的意圖。況且諷刺的是，掠奪者不太可能拋棄，他可是很難放走獵物的……即使獵物想逃！

2. 找回並克服壓抑的情緒

害怕被遺棄是來自迴避創傷性情境發生時的初始情緒。孩子的情緒系統太脆弱，無法毫不受傷地承受這種強烈的痛苦，於是情緒被封存在創傷記憶裡。必須找回這個情緒，才能以你終於成年的情緒系統經歷它。這一定會有些困難和不舒服，但遠比侵擾一輩子的防衛機制輕微。

接下來，請找個讓人有安全感的安靜地方（必要時，也可以在停駛的汽車裡！），我們要透過想像和心像（請見下頁），找回內心那個被遺棄的小孩，看見他、陪伴他、傾聽他的訴說，讓他盡情哭泣，和他一起經歷這些年來所有的情緒：憤怒、悲傷、強烈的恐懼。重點是在他的身邊，理解他、讓他放心。這是要與你的內在小孩站在同一邊，而不是一次又一次叫他閉嘴，讓他變得渺小……由你親手再度拋棄他。

這也是讓你經歷所有在電影裡或故事中看見與聽見拋棄情境而被激起的情緒（不斷運作的潛意識一定會產生情緒），直到這些情緒不再如此強烈。

然後，你就能為內在的分裂畫下句點；也就是說，你不會再拋棄自己。你會發現與自身脆弱的部分連結、溫柔地對待自己，就能面對離去和分手，再也不會經歷小時候被遺棄的感受。不過必須注意在戀愛中的自己，避免與在關係中太黏人或太不穩定的對象在一起；你將有獨處的能力，而不是與糟糕的對象相伴。

如何練習心像

選擇一處安靜、不會被打擾的地方。關掉手機、調暗燈光，採取舒服的坐姿（不要躺下，因為你會需要全身的力量，坐姿較有幫助）。解開讓你感到壓迫的衣物。

- 闔上雙眼，平緩地呼吸片刻，然後想一些令你有共鳴的景象。在正在成形的景象中，曾經是孩子的你是什麼模樣？若有需要可使用照片幫助回憶。他幾歲？什麼打扮？他在哪裡？一切皆有可能，因為你就是白日夢的主人，可以隨心所欲想像地點或服裝，重點在於盡可能真實地感受到這個孩子的存在。這個孩子是你的一部分，持續活在你的內心。
- 感受到他的存在後，輕聲呼喚他，確保他聽見你的聲音。當他聽見時，你們就建立起連結了。
- 先問問他過得如何，然後聽他的回答。你可能會湧出淚水，這樣很好，表示練習發揮作用了，非常強勁。如我已故的導師亞蘭・克雷斯培（Alain Crespelle）所說，「景象」（image）就是「魔法」（magie）的重組字。

●內在小孩表達情感後，以成年人的身分告訴他你想說的一切，說你理解它、你明白他的感受，給他愛和同情，然後對他說你要告訴他的話，讓他好起來。向他保證你會無條件支持他，從今以後你會永遠在他身邊。擁抱他。如果你哭泣，這是好徵兆，代表「你真的做到了」。

●離開前，想像自己把孩子安置在內心為他保留的舒適之地（想像的內心可以是巨大的宮殿、鄉間小屋，或是一座庭園，盡情發揮），向他道謝，告訴他你愛他，然後告辭。

●慢慢睜開雙眼，回到現實。

從現在起，無論身在何時何地，你都可以把手放在心口上，與他重新聯絡，只要你想要或有需要，隨時都可以回去見他。

媽媽

11 因為我覺得好空洞好無望

情感匱乏

情感匱乏會在心靈中留下空洞的痕跡。帶有這種匱乏感的人通常不會意識到，但是內心感受得到痛苦的空虛感。掠奪者會利用這一點，暫時填補這股空虛，以獵物的慷慨為食，再讓獵物陷入苦楚；至於獵物，他可能需要很長的時間才會意識到正在上演的狀況。

情感匱乏的源頭

情感匱乏在人生早期、學會言語之前就出現了，而且會持續存在於孩子的整個發展過程。情感匱乏很常見卻很難發現，因為那是「空心」的：情感匱乏的人本身並沒有意識到自己的匱乏，他們是一路這樣活過來的。

這種匱乏與家長有關，尤其是嬰幼兒的主要照護者，通常是母親，他們表現冷漠、疏離、心思放在孩子以外的事物上，無法理解孩子。

嬰兒需要感覺自己是獨特和被愛的，在母親然後雙方家長的關注和愛當中逐漸發育；然而在情感匱乏的狀況中，家長過度缺席，或是沒有必要的同理心理解孩子的需求、在保護的同時理解孩子。孩子因此在孤獨疏離的感覺中長大，最後不再期待他人能夠理解自己。當情緒超過孩子的負荷時，家長無力安撫他：例如，他們可能會讓孩子哭上好幾個小時，或是命令孩子閉嘴，從來不試圖理解孩子發生的事。孩子對引導、建議和受保護的需求也受挫；他找不到理解自己，在他徬徨時可以告訴他怎麼做、在他狀態不好時能夠保護他的人。孩子感到孤單，必須自己想辦法擺脫困境，沒有愛、沒有理解、沒有支持。

我們可以想像導致家長留下這類痕跡的各種情境：被日常生活（例如令人筋疲力盡的工作，或是注意力集中在另一個重病的孩子身上）或與艱難處境有關的強烈擔憂（物質煩惱、伴侶關係失調、環境險惡、戰爭中的國家……）壓垮的家長、憂鬱或成癮（酒精、毒品、賭博……）的家長、不想要孩子並把照料孩子視為苦差事的家長、漠不關心的冷淡家長（他們本身就是情感匱乏者，無力付出愛），甚至是有心理疾病（例如自戀或病態）的家長。

情感匱乏在成年生活中的表現

如果你受情感匱乏所苦，你會感覺孤單、空虛、滿腹辛酸苦澀、不明所以地感到苦惱、經常落入陰暗甚至憂鬱的感受。通常你顯得很樂於助人，對他人提出許多問題，卻不太提及自己。況且，如果話題落到自己身上，你也不清楚該說些什麼。除了空虛感，你很少接觸自己的內心經歷。

你否認自己的情感需求，再說，你沒有真正意識到而且也不會表達自己的情感需求，因為在你的眼中，那代表軟弱或幼稚。你常常認為他人應該要能猜想到你的需求，由於事非如此或是絕少發生，於是你避開那些讓你的共生、無意識期待落空的人。在這些失落的時刻，有時你會表現出令周遭困惑的激烈怒意，因為顯得太無理了：事實上，這是累積多重不滿的結果，像火山爆發般突然潰堤。於是你會在無預警的情況下斷絕關係，那些受到牽連的人百思不得其解，因為似乎只不過是一件小事（但對你卻是壓垮駱駝的最後一根稻草）。而你自己也很難提出解釋！

你一切都想辦法自己面對，為自己打造堅強的角色（陽剛可靠的男人，或是強大果敢的女人），樂於幫助他人、一肩扛起責任，把脆弱的一面藏在堅硬的外殼後，甚至連自己都誤以為強壯才是你的本色。在脆弱和疲憊不堪的時刻，有時候你會說出「我總是處處為別人想，卻沒有人為我想」，沒有意識到自己的姿態會令最大的善意也卻步，況且知道你的需要也是不可能的。

你選擇的親近友人確實常常符合你的信念，是冷漠、沒有同理心的人，卻對自身需求的要求非常高。

害怕被遺棄的弱點被掠奪者利用

誘惑階段

即使你絕少意識到自己的匱乏，也沒有任何要求，但你確實有著情感需求，尤其是這些需求長期以來一直不足。掠奪者便能施展所有手段：當他注意到情感方面的缺乏時，他會用你缺少的一切轟炸你，而你並沒有真正意識到自己缺乏這些，也無須開口要求。他會顯得深情、溫暖、傾聽、善解人意、心思細膩，給你所有需要的建議和幫助；他會把你放在他世界的中心，你就是他的生活，甚至優先於一切。

你難以置信，驚喜地接受所有關注和（虛假的）愛，你的絕望、空虛、酸楚，都像豔陽下的雪融化。你會感覺生平頭一次，你的生命有了滋味和意義，發現這一切都與這個美妙的人兒有關，他用禮物、溫情和幸福感充滿了你整個人。

你會義無反顧地愛上這個人，彷彿遇見「真命天子」。心理圈套在此處依舊非常有效。

破壞階段

想要打擊獵物並把他逼入絕望，甚至憂鬱中，掠奪者只要恢復本性就可以了：冷酷、工於心計、不擇手段利用他人、只關心自己。這會刺激你的防衛性格，由於你習慣高度關注他人而不是表達自己的需求，你會加倍關心掠奪者。你會負起責任，試圖弄懂他怎麼了、傾聽並回應他可能的需求、對他的態度丕變做千百個假設，搞得自己幾乎要發狂。你在此番背景下發現自己的孤獨和空虛。你的人生再度變得晦暗淒涼，絕望感更深了，因為在誘惑階段的虛假熱情對比下，更凸顯你的情感匱乏。

如果你因為失落感而生氣，就會讓掠奪者抓到大肆吵鬧的機會，他會責備你（投射性推卸譴責）[1]對微不足道的小事鬧脾氣，只想到自己，不考慮他有自己的需求。於是，你可能會進一步壓抑對自身需求的意識、強化堅強且「勇敢」的角色、阻止自己表達任何事。

如果你變得憂鬱，掠奪者就會輕易挖苦你殘破的心理健康。他甚至可能會因為耐心忍受你和你的憂鬱而引來讚美（這可是不容小覷的附加好處），不僅扮演受害者，還假裝成令人敬佩、充滿無私精神的人。如果不明白發生的狀況（這點很常見），你周遭的人還會輕易責怪你有點難相處。遭到誤解、收到糟糕的建議，而且你確實生病了，你會更加自我隔絕，掠奪者甚至不用對此多花心力。

如果你最後感覺到甩門離開的衝動（很戲劇化，但此時會救你一命），掠奪者就會變回誘惑階段，無須開口，就會再度對你注以滿滿的愛和注意力。而最後，你很可能留下來。掠

1 請見27頁。

奪者就像施刑者，讓獵物稍微恢復元氣以便再度展開折磨，他會在強烈的關愛和冷漠的自我中心階段間不斷交替切換。每一次切換，你就會摔得更重，加劇你的痛楚和困惑，以及無意識的情感匱乏。

該如何擺脫情感匱乏？

從強化情感匱乏的圈套，我們可以看出圈套代表這個心理難題有多麼錯綜複雜：獵物塑造出的角色非常適合受控關係。獵物的「堅強」或是故作堅強、善於傾聽、忽視自身的需求，全都是掠奪者尋找的條件。獵物會傾聽掠奪者，不會太費事，也不會為此提出太多要求！由於獵物不清楚自己的需求或難處的根源，很容易就會被迷惑。獵物會為一點小事暴跳如雷，也會憂鬱，這能讓他懷疑自己的心理健康。唯一的風險是，獵物可能會頭也不回地離去，但只消重新用些獵物根本沒開口要求的東西彌補他，就十拿九穩了。

在問題引發的控制和壓力下，要擺脫這個難題並不簡單，但並非不可能。許多情感匱乏的獵物都逃離了，我們也意識到他們面臨的挑戰。那麼，方法是什麼呢？

雖然這句話說了也等於白說，我們必須承認，要意識到自己從未意識到的事物是很困難的。你會需要他人的反映，才能意識到自身的情感匱乏，也需要他人的支持以敢於表達自我與反思。在對話中才會產生意識。一如前面的建議，書籍、文章與其他影片都會播下第一顆種子。細心的友人或專業人士能提供之後的幫助。在當前的情況下，憂鬱症會是痛苦的路，但最終會成為救命之路：治療憂鬱症讓你有機會認識敏銳的專業人士，也協助你面對情感匱乏。但還是希望不要走到憂鬱症這一步……。

1. 意識到情感需求是正常的

你知道人類有這類需求……尤其是其他需求。對你來說也是如此，你有權擁有情感需求並表現出來，而這點通常令你詫異與恐懼。你為了保護自己而極力否認和隱藏這些需求，承認情感的需求會使你變得脆弱。什麼？巨人的腳居然是泥土做的[2]？你依賴他人，他們卻顯得如此沮喪、自私、失望、缺乏同理心？在如此冷漠艱難的世道，該如何帶著情感需求的意識活下去呢？

你需要重新檢視自己的世界觀，這一點也不容易：不，世界並不是（或不單只是）要

2 譯注：典出《但以理書》。

在凡人皆如狼的環境中為生存奮戰的地方。你一定遇過善良熱情的人，而你令他們打消照顧你的念頭，或是你覺得他們沒什麼意思而逃避他們。你一定見過溫柔回應彼此需求的人們。你必須承認這是可能的，因此要理智地分析腦海中浮現的反對聲音、不斷提出新的例子。有一個方法，就是將這些善意的例子寫下來，不時拿出來重讀，因為這些例子與你根深柢固的信念背道而馳，你很容易忘記它們。

必須為這股匱乏擔起一部分責任，這股匱乏之所以持續，是因為你維持強者的面具，與自己隔絕，而且不為自己提出任何要求。

你也應該意識到自己透過選擇的朋友或伴侶（也就是掠奪者）維持你的生命劇本，這些人恰好符合他人在你心中的形象，也就是自我中心、自私、對你毫無同理心、最關心的是如何濫用你的善良、你的可利用之處和你的傾聽。

你必須學會說「不」，設下界限、謹慎選擇往來的對象，以便與他們建立付出和接受還算平衡的人際關係。

最後，為了避免走向另一個無濟於事的極端，你必須學習以適當的方式表達自己的需求，要明確、有意識，但不可吹毛求疵。你也必須接受，如果某人沒有立即回應你的需求，未必一定是冒犯，也不表示你有正當理由能對他發脾氣或斷絕關係。你必須學會不要忽視對方的需求，不要因為對方無法立即回應你的需求而堅持不退讓：也許他有自身的限制或其他事情要做，也許他沒有空……了解這一點，將能幫助你接納與重視自己的界限。世界並不是冷漠無情的地方，但也不是彩虹熊的宇宙……。

有了嶄新的世界觀後，你就能回顧在與掠奪者的關係中那些曾經受挫的自身需求；你會發現有許多人支持你離開關係的決定，或是事後說你結束與掠奪者的關係是正確的。在這裡也要注意這些發現，因為在第一時間，你很可能只記得誘惑時刻，是掠奪者用來強化「不必開口就能滿足需求」的想法。

2. 探究情感匱乏生命劇本的幼兒期起源

情感匱乏的孩子不會因為自身需求沒有得到回應而感到絕望、憤怒和傷心。

首先，他並沒有清楚意識到這種匱乏，畢竟他一直以來都是這樣過的：只能透過對比才能建立這股意識。如果不認識白天，就不會意識到黑夜，經歷過悲傷才能體會喜悅。因此，世界對孩子來說顯得淒涼又空虛，而面對周遭人們的漠然，有時候他甚至會懷疑自己是否真的存在。一名情感匱乏的女性患者告訴我，小時候被拍照時，她害怕自己的身影不會出現在照片上。

然後，當孩子終於感受到置身於空虛與孤單中的時候，他無法接受隨之激起的絕望和憤怒：這些感受太過強烈而沒辦法被完全感受，而孩子必須生存在這個冷漠、他也無法離開和改變（他的些許憤怒沒有任何影響，也可能造成更嚴重的後果）的世界。

於是他會盡量不去感受這種匱乏以習慣缺乏關愛。他會切斷與自身情感的連結，開始認為自己很無趣，不值得任何溫柔和理解的關係。基本上，他只需要保護自己，但同時也要理解和保護其他人……尤其是被生活壓得喘不過氣、無暇照料他的家長。

那麼，該如何擺脫這種動力呢？

- 你必須理解，主要是感受以及表達曾經擱置不理會的痛苦和憤怒。切記，最重要的是哭泣、發怒、確認自己的需求，以便不再與自己隔離。這條路固然艱難，但是一條必經之路，可以透過寫給家長的信（但不會寄出）表達長久以來的感受，或是在心像練習對他們說出你的感受（請見180頁）。一名女性患者告訴我，她連續好幾個星期「對擋風玻璃大吼大叫」，一邊想像過世的父母能夠聽見她大聲表達內心的一切。
- 最重要的是不要獨自一人（應該說，不再獨自一人），而是在理解你、陪伴你、指點你的人陪伴下進行這個作法。然後你會體驗到，這是可能的。
- 當你找回那些迷失在時間長廊中的自我、當你能夠碰觸自己的需求、當你學會以正確方式（不會過與不及）表達需求、當你設下界限並能夠平和但堅定地說「不」

時，你將能更明確地分辨與掠奪者關係中正在發生或已經發生的狀況。你不會再指望無須開口他就能滿足你的一切需求，並能看出哪些時候他太過分。你將能夠擺脫心理圈套，或是像蛻皮一樣拋下它。

● 選擇朋友和伴侶時，仍需保持警覺，注意付出和接受的平衡。

你真是笨到不行

12 因為我覺得自己很沒用很丟臉

容易自我貶低和羞恥

我們已經看到，掠奪行為會伴隨有效的貶低和羞辱手段。如果獵物的過去影響獵物更容易受到這類攻擊手段，而且已經內化低微的自我印象，那麼這類手段的效用會更強。

自我貶低和羞恥的源頭

這個弱點是在童年時期的不同情況下形成的。

家長可能過於嚴格挑剔（例如質問為什麼沒有滿分，兩分去哪裡了？），對於孩子的作為和表現永遠不滿意。他們可能會針對孩子的外表、行為或言語表現出輕蔑、嘲笑和過度懲罰。家長可能會不斷將之與其他孩子比較，認為別的孩子有比較多值得認可的優點。

這些也可能以較幽微的方式顯示：家長表現或暗示孩子令他們失望，令孩子深深感覺自己有內在缺陷。孩子感覺不被想要（而且家長堅持如此告訴他）、不是期待的性別、出生在不理想的時機、學業和隨後的社會地位沒有滿足家長的期望等等，光是這樣就夠了。除了情感匱乏，對於照顧和關注的疏忽也會在孩子心中留下自己不值得被照顧的印象。

孩子也可能遭受多種虐待，導致他認為自己一無是處。

- 身體虐待，透過暴力、毆打、體罰、剝奪基本生理需求，如飲食、睡眠、免於遭受危險或寒冷（一名女性患者告訴我，在她六歲及妹妹四歲時，父母在下雪的冬夜，把只穿睡衣的她們關在門外兩個小時）。
- 來自其中一名家長的情感虐待，像是大聲吼叫、暴怒，甚至仇恨。
- 來自其中一名家長、家庭成員或親友的性虐待，而孩子沒有受到傾聽和保護。

所謂的亂倫氛圍也會讓孩子產生自己不值得被尊重的想法。在這個情況中，沒有真正發生亂倫行為，但是家庭氣氛充滿色情感：家長在孩子面前發表性言論、家長在餐桌上公然談論他們的性生活或暗示孩子可能是家長之一的欲望對象、以眼神、態度和想法表示孩子的挑逗性、以色情的方式侵入孩子的隱私空間、在性興奮的狀態下向孩子暴露裸體……。

最後，若孩子對家庭成員的不幸遭遇有責任或是自以為有責任，例如手足死亡（我的哥哥死掉是因為我嫉妒他）、其中一名家長離去後，另一名家長無法找到新伴侶（理由是孩子是拖油瓶），甚至是家庭的艱難過往，這時候就會產生羞愧和貶抑感。

這一切都會促使孩子認為自己不配得到愛和尊重，自己不夠好、有缺陷，不是因為他做的事，而是他的存在本身。於是便產生了羞愧感。

羞愧和貶抑感在成年生活中的表現

這種脆弱的常見程度僅次於情感匱乏。如果你有這種脆弱性，你會認為自己有缺點、不完美、有缺陷，使你低人一等，而你多少有意識地為此感到羞恥。你已經把此一事實融入心底，基於一個或多個原因（例如太高、太矮、太胖、太瘦、頭髮太紅、髮色太深、太笨或太聰明），你認為自己是有缺點的，更糟的情況，你不確定是哪個「缺陷」。在後者的狀況下，羞愧會更加痛苦：你深信其他人會棄你而去，因為他們會發現你有糟糕的缺點，而你卻不知道那個缺點是什麼。

因此，你逃避與他人建立過度親密的關係、害怕暴露自己的不完美、認為自己不值得被愛。那些不敢展現自我、把自己藏起來，甚至對親近的人也保持沉默的人是如此；那些從來不分享自身感受、內心想法的人是如此；那些即使在性伴侶面前也不願赤身裸體、穿泳衣時躲在罩衫下，甚至不願意穿泳衣的女人（現代以電腦修圖過的照片建立起美的標準，在強化羞恥感方面也有責任）是如此；那些不敢在公開場合發言，隨後意識到他人說的正是自己想講的話，但一定比自己講得更好的人也是如此。如果你很容易感到羞愧，在他人面前就會沒有安全感，尤其是你欽羨的人，因為你認為他們更優越。那些你認為可能發現並揭露你缺點的人，你與他們的相處也並不融洽。

你常常和他人比較，但絕對不是對自己有利的比較，你經常有嫉妒心，而這些比較讓你很消沉：其他人都很美好，是你比不上，而你絕對沒有希望變得和他們一樣好。你認為自己的存在本身就是不完美。

你對批評非常敏感，每一次都會令你崩潰，但你接受貶低感是可想而知的結果。你對虐待沒有底限，因為你認為自己活該，而且身為一個有缺陷的人，這也是理所當然的。畢竟誰會尊敬如此低劣的人呢？

可惜的是，在這種動力中，你遠離了愛你的人，用格魯喬．馬克思（Groucho Marx）的話來說，就是「我會立刻退出接受我成為一員的俱樂部」，並且選擇與貶低你、不尊重你、對你惡言相向的人為伴，你認為自己必須努力獲得關注，但卻打從心底認為自己不會成功。有太多女性患者告訴我，對她們有興趣的男人其實對她們而言並沒有吸引力……如果對你而言看似遙不可及的對象，竟然紆尊降貴地看了你一眼（或是好幾眼），你就會感激涕零到允許他對你做任何事……不難看出，你有成為頭號獵物的潛力。

貶抑感和羞愧感的弱點被掠奪者利用

誘惑階段

掠奪者誇張的自戀和刻意展現的耀眼角色，很容易讓你驚豔：你認為自己不如人（反正他也會如此灌輸你），很可能滿心仰慕而沒發現他只是個贗品。他會恩賜你少許興趣，讓你落入他的陷阱，因為如果過度讚美，可能會引起反效果，而你因為竟然能和這樣的人交往而感到詫異與受重視。打從一開始，一些恰到好處的批評建立起權力和支配關係，在這份關係裡，他會大方承認自己可能有點喜歡你。不幸的是，你對這個奇蹟般放下身段、在你身上看見少許價值的人滿心感恩，感覺自己彷彿活在童話故事裡。

他會用自己的魅力引誘你，既會讓你變得自戀（畢竟他選擇了你），同時也會以較隱晦的方式維持你容易受貶低的弱點，因為後者對病態型自戀人格者而言，無疑是理想的狀態。他會在你的注視下洋洋自得，感覺自己很了不起，同時以貶低你的方式提高自己的身價，而你在人生早年就已養成被貶低的有害習慣。真是理想的共謀。

破壞階段

當你被欣賞、感激和愛充分套牢後，掠奪者就能恣意展現他的本性、釋放他的施虐傾向和破壞的快感。他會用指責、貶低與令人內疚的話語淹沒你。你會變成完美的「精神垃圾桶」：他會把自身的不足、錯誤和失敗全都歸咎於你，以投射性譴責解釋這一切都是你的錯。如果你在童年時期就習慣這種遭遇，也就是判斷力尚未成熟的年紀，那麼你就會全盤接受，而不會（或者不太會）質疑這種態度是否恰當，反正你很確定自己活該被如此對待。掠奪者也可能有虐待和暴力行為，包括性方面：婚內強暴在這種情況下並不是特例。

由於你受傷了，對批評極度敏感、在掠奪者的影響下而身心破碎、努力滿足掠奪者，試圖贏回這顆你深信他是獨一無二的心。你害怕自己不再值得他的愛。還有誰會對你有興趣呢？你習慣了批評，無法察覺對方的言行太過分並設下界限，於是你可能會長期承受這一切，認為自己的不幸和苦痛是無法避免的宿命，至少對你而言是如此。

當你被逼到極限，終於感覺到怒氣爆發時（只可惜並非總是如此），你可能會考慮擺脫這段婚姻地獄。然而，如果掠奪者對你重新使出裝模作樣的愛、寬恕你的無數缺點，那麼你十之八九會留下來，直到下一次，以此類推。當虐待與童年的情況極為相似，而且符合一個人對自己根深柢固的信念時，逃出這個陷阱也就相當困難了。

該如何擺脫貶抑感和羞恥感？

我們之前已經討論過這個主題，因為無論最初的自我形象狀態為何，與病態型自戀人格者的控制關係最終都會導致自我形象崩潰。此處的難度加倍，因為掠奪者的手法與你的根本信念不謀而合。如果你對這些信念不太有意識（通常如此），那麼就需要第三方的幫助以消除這些想法：像是善於傾聽、可靠、充滿善意且腦袋清楚的朋友，或是專業人士。

1. 意識到自我預言

此處的主要難處在於，容易受到自身貶抑感和羞愧感影響的獵物，絕少清楚意識到自己的困難。獵物的心態極度內化到讓他視為理所當然，因此他根本不會質疑。他必須理解到這些信念是謬誤，這並不容易，因為獵物的內在一致性建立在這些信念上，而人人都很重視自身的一致性。關於揭示信念謬誤，專業人士會比朋友更可信，因為沒有人會認為有討好獵物的可能。

- 我們必須談談你那些根深柢固的想法：你有這麼愚蠢嗎？難道你沒有理解或達成一些複雜的事物嗎？我記得有個女人一邊工作一邊拉拔四個孩子，她說其實沒這麼難，畢竟她都做到了！我們來衡量一下難度吧。認為自己很笨的女性麵包師，不就有能力管理店面，而且生意蒸蒸日上嗎？這個自認腦袋不靈光的副理，不就是為遠在地球另一頭的老闆規畫會議，並且在老闆不在時為他回應一切事物的人嗎？此處的用意不是要認為自己比其他人更聰明（或是更好看、更值得被愛等等），而是要得出結論，那些讓你感到羞恥的缺點並不存在，不是你想像的那些缺點，或者只是相對的缺點，無論你在其他人身上看見的表現如何。自我貶低的最佳方式，就是把自己和望塵莫及的模範相比，但並不是每個人都能當上太空人，這沒什麼不好的！
- 你必須好好檢視你的人生與成就，這不是要你說服自己那些信念是錯的（這麼做是無效的），而是和自己討論，與你內心的兩個角色對談：一個支持這些信念，另一個則可以提出相反論點。和你對話的角色任務，就是要找出自我貶低的部分，並對此提出觀點。有些部分埋藏很深，確切而言是因為你對此沒有意識，不過也是因為你對此感到羞恥，於是隱藏起來；你需要銳利的觀察，並以細膩的同理心應對。
- 此外，引導自己認識自身、恢復自我形象的平衡，這點也很有幫助：大部分的時候不會立即看見效果。不過當你開始清點後，試著把優點寫在一張紙上，逐項練習，感覺有需要的時候就能拿出來閱讀。

2. 理解困境的起源，溫柔撫慰受傷的部分

進行這項努力的同時，也必須接納浮現的記憶。不僅需要記憶，還要追溯意識的路徑，這條路徑會連結起在你過往中，初始事件與你如何回應事件而形成的信念。

- 浮現情緒時，往往是憤怒。這股怒意就是讓你站起來反抗的能量，終於開始認為將要或已經發生的情況是不應該的，既不正確也沒有任何藉口可以合理化。表達這股憤怒非常重要，無論是對傾聽、協助你的人大聲說出口，或是透過寫信（但不會寄出）給你的家長，以及其他對童年時期的你忽視、虐待、詆毀或過度批評的人。這是讓施虐的成年人感到羞慚：羞愧感不是你應該承受的。
- 在心像練習中（請見180頁），你可以撫慰內在小孩，向他解釋你理解的事情，擁抱他、傾聽他的情緒，再次在時間的長廊中找回內心失落的一部分。孩子為了保護自身對家長的愛，他會努力用自己的信念OK繃蓋住傷口：孩子受到辱罵時不會停止愛家長，而是不再愛自己，正如耶斯伯．尤爾（Jesper Juul）所言。從現在起，將由你為這一部分的自己帶來善意，並且要如此告訴自己的內心。

這項練習會讓你逐漸邁向接納自己，無論你有什麼缺點（而且你也將學會以恰當的方式看到缺點）。你會意識到自己本質上值得被愛與尊重，並不是因為你必須「配得上」，而單純是因為你的存在。透過這種判斷力重新建立自尊，因此減輕痛苦後，你將能無條件地接納自我。保留自己原本的模樣，並溫柔地放過自己。

3. 設下界限，說「不」與應對批評

既然你已經對自己承諾，不再任由自己遭受惡劣對待或虐待，那你就必須學習設下界限和說「不」。這件事在技術上沒有什麼困難：人人都知道如何讀「不」字、說出「我不願意」。然而，你必須鼓起勇氣才能採取這些自己不習慣的舉動，並且害怕隨之而來的後果，像是遺棄或惡劣對待。在受到控制的情況下，即使這份恐懼常常被誇大了，但你的恐懼並非毫無來由（掠奪者受挫時的反應很可怕）。尤其是在面對掠奪者時，你必須表現得堅定而不挑釁，有時候要學會用一些假的藉口合理化自己的拒絕，避免遭到報復：尊重自己就是保護自己。此處與其他情況一樣，重要的是不再接受虐待，停止在想說「不」的時候說「好」。

- 這條路要你找到、重新發現或建立起你是否接受的邊界：大部分的時候，控制關係會讓你的邊界變得模糊、充滿漏洞。你必須理解何謂正常、何謂不正常，並感受對你而言哪些事情是可以接受的、哪些是不能接受的。要做到這一點，不妨觀察其他人怎麼做，或是電影與小說的情境：哪些是看起來是可以接受或不能接受的？你也一樣嗎？傾聽你身體的訊息：當對方越界時，身體會變得僵硬，或許會隱約出現一陣噁心感。在你的界限中心，你要建立的是主體性與對自己的善意尊重。你會變得愈來愈堅定，而你的存在也會變得不可忽視。
- 你需要沒有壓力的支持，在你做不到的時候給你勇氣、安慰和依靠，在你成功時為你祝賀。
- 由於你對批評極度敏感，你也必須學習接受批評：傾聽（並保持沉默，以免過度反應）並辨別批評是否公允。必須試著思考這些批評是否正確，接著依照你決定的標準將之納入考慮，如果批評並不正確，那就說出口或在內心拒絕。辨識掠奪者的防禦手段（推卸譴責）將對你有極大用處。
- 若要擺脫羞愧感，在確定能得到親近之人的尊重後，學習向他們敞開心胸也會很有幫助。

我們評估了必須採取的途徑……這並非不可能，許多我的患者都走過來了，或是正在這條路上，然而這是一條漫長陡峭的路，有時因為掠奪者持續帶給獵物壓力，使得這條路更加險峻。

MARVEL
AVENGIRS
ECOLE
CINEMA
BURGER
SNACK

13 因為我感覺無力靠自己逃離

容易在物質和實務上依賴

有些人沒能發展出充分的自主能力以應對自己的生活。他們覺得必須緊緊抓住某個人，這可能會為虐待敞開大門，對掠奪者而言，這是天上掉下來的大好機會。

在物質和實務上依賴的源頭

在孩子的正常成長中，會隨著發育而逐漸提升技能。然而，有時候孩子未獲得或者未充分獲得獨立自主的知識和能力。如果孩子沒有在其他地方（托兒所、學校、寄宿學校……）獲得這些能力，就可能在超過正常年齡後繼續依賴成年人，導致無法培養自己應對生活的必備能力。發生這種情況時，會形成對物質和實務的依賴。有多種情況可能導致這個情形發生。

心力交瘁的家長（緊繃的職場生活、人丁眾多的家族……）可能不願意或沒有能力花時間陪伴孩子經歷嘗試和錯誤：家長自己動手，事情做得更快。當然，單一例子沒有什麼嚴重性。但當孩子總是被要求不要動或者讓大人來的時候，這就成問題了：孩子有可能因此養成被動的習慣，而非學習自己動手做事。如果當家長把孩子像物體般擺布，或是忙著整理孩子周遭環境，孩子卻僅盯著螢幕，情況就更糟了：孩子沒有觀察發生在自己身上的事，也無法從觀察中學習。如果持續這樣的捷徑，就會阻礙孩子培養能力和發展自信。事實上，自信就是在許多成就中一點一滴建立起來的，讓我們能夠想像接受下一個挑戰。

有些孩子因為出生時或幼年時狀態艱難（得來不易的寶貴懷孕、早產、周產期困難、小兒疾病等），給人孱弱和過度脆弱的印象。滿心憂慮的家長可能會因此對孩子過度伸出援手。這麼做會防止孩子冒險，但也失去失敗與學習，然而嘗試和錯誤對任何學習都不可或缺。此處不是要提倡嚴厲的教育、不給孩子任何協助，而是要在保護與經過衡量的合理風險間找到平衡。沒有這種平衡，孩子就會變得膽小、依賴、無法應對生活，即使風險有限時亦然。

有些家長幾乎不花心思幫助孩子習得技能，而且他們覺得自己有絕佳理由：甘願為孩子打理一切，盡所能確保孩子一切舒適安穩等等。事實上，他們不自覺地希求孩子需要他們，無法忍受他們灌注所有愛的小寶貝有一天會離開他們。他們把自己人生意義建立在對孩子的照顧上，讓孩子茶來伸手、飯來張口，甚至命令他乖乖別動，這多少伴隨著情緒勒索。風險在於，孩子從青少年時期到成年，成長階段將毫無能力處理生活大小事，像是鋪床、整理房間、下廚、購物、考試或考駕照、填寫文件，對他而言全都是無法克服的難題。一旦變得依賴，孩子就很難離開家長，或是任何能夠為他提供這類功能的成年人。

當家長是完美主義者或競爭者，將無法忍受任何人超越自己，尤其是自己的孩子時，顯然無助於孩子能力發展。無論孩子做什麼或怎麼做都永遠不對，孩子會被否定、奚落、責備，孩子也會被與其他較成功的孩子比較。孩子認為自己連一點點小事都做得不夠好而灰心沮喪，面對生活時將不知所措，他將有如經歷一連串考驗，而他卻無力正確應對。

最後一個則是文化因素，這可能導致孩子的能力發育不全。直到不久前，女孩仍一輩子都被當成孩子看待。讓我們來評評理：在法國，直到一九二四年女性才有權參加高中畢業會考（baccalauréat）、一九三八年才有權在無需丈夫同意下擁有身分證、一九四四年獲得投票權、一九六五年無需丈夫同意即有權工作和開銀行帳戶，直到一九七五年才有權擁有私生活，禁止丈夫讀她們的信件與決定她們的人際關係。長期以來，這使女性被局限在家庭主婦的次要角色，並接受相關的教育。雖然風氣變了，對學業和個人成就較不受鼓勵的年輕女孩教育中還是存有一些禁令，因為性別歧視的刻板印象仍然存在，而且往往非常隱微。某些家庭中，女孩仍被教養成完美的家庭主婦，有些巧妙但強烈地告誡她們不要變得太強大或獨立自主，否則追求者就可能打退堂鼓；要是沒有丈夫和孩子，她們的人生就是一塌糊塗。聖凱薩琳節（Sainte-Catherine）戴帽子的習俗[1]，其實距離現在並不遙遠。

同時，父權也會強加在男孩身上，男人不久前才踏入家務和照顧孩子的領域，因此他們認為是在「幫忙妻子」，而非單純地做自己分內的事；我們還是常常聽到「新好爸爸」這個形容，指稱那些從孩子新生兒時期就開始照顧的男性。同樣的，男孩的家事能力發展可能從童年時期就受到家長阻攔，擔心兒子無法培養「男子氣概」，妨礙了孩子培養應對生活各方面的能力。他們為孩子代勞一切，有時甚至報以大男人主義或恐同的侮辱，讓孩子不敢參與任何家務，成人後，光是煎蛋就讓他招架不住，或在成堆待洗衣物面前驚慌失措。然而，我們必須吃得健康、保持乾淨，而這也是物質與實務依賴的溫床。

物質和實務上依賴在成年生活中的表現

如果你在物質和實務上容易依賴，那可能顯得稚氣、迷惘，乍看之下惹人憐愛（例如那些孩子氣的女人）。你痛苦地缺乏自信、感覺無法照顧自己、日常生活亂成一團，而且有時對一些微不足道的小事極度焦慮。你對自己的決定沒有信心，因此你會向許多人尋求建議，依照得到的建議不斷改變主意（猶豫不決時尋求一大堆建議，絕對是讓自己暈頭轉向的好方法！），這種猶豫不決的辛苦狀態，在日常生活和工作上都讓人心力交瘁。你常常覺得自己像個孩子，還太年幼而無法在世界上單獨生存，必須依賴他人才能活下去，否則根本辦不到。搭乘大眾運輸或汽車移動、預約會面並單獨赴約、填寫稅務表單、日常採買、維持生活空間整潔，這些對你來說有時彷彿是不可能的任務。在極端的情況下，如果沒有他人幫助，連穿衣服、避開危險、準備食物都似乎難以完成。

在職場方面，如果你設法完成工作，過程中會需要不斷確認，有時候甚至連熟悉的工作也不例外。你很容易放棄、堅信自己做不到，也拒絕承擔責任與新任務。例如，公司安裝新軟體或改變某些流程時，你會感覺無法掌握事態。無論你真正的智力和能力如何，都會緊抓著固有的職位拒絕升遷，不參加能讓自己進步的檢定或考試，因為你感覺自己做不到，事前就恐慌得要命。

如果你容易在物質和實務上依賴，你經常會有睡眠障礙且表現出強烈的壓力症狀，最終可能導致生病或憂鬱。

這種情況並非總是如此極端，但面對日常生活的焦慮與嚴重缺乏自信幾乎是不變的共同點。因此你會尋找「堅強」的朋友或伴侶當作同伴，他們會照顧你、在各種大小事上給你建議、幫你做決定和陪伴你，一如家長過去為你做的，進一步加強這個循環。你自己動手做的事情愈少，你發展的能力和信心就愈少，於是你更陷入對他人的依賴。

1 譯注：滿二十五歲仍未婚的女性會在十一月二十五日戴上帽子。

可以想見，這對掠奪者而言是再理想不過的破綻。

物質和實務上依賴的弱點被掠奪者利用

誘惑階段

要在這類型弱點情況中鞏固無限制的支配非常簡單：只需要在場並回應未來獵物的所有需求即可。掠奪者會讓他安心、保護他、不分晝夜地為他效力，各種大小事皆是：掠奪者會給你建議、完成各種家務雜事、陪你赴約、對你的選擇提供意見、監督帳戶和開銷等等。女性掠奪者會接管整個家，開始下廚買菜、整理衣櫥、洗衣服，也會向你提供服裝的建議，甚至替妳買衣服或陪你赴約、安排假期、接手帳戶管理。你會感覺無比輕鬆、擺脫重擔，終於能夠真正依賴一個可靠又堅強的人。如果你還住在父母家（這點很常見），你甚至終於搬出去……獨立自主。

破壞階段

首先，掠奪者可以隨意支配、剝削、利用和虐待你，你卻感覺無力離開。你又會成為完美的「精神垃圾桶」：他會把所有的錯誤、自己做錯的選擇全都怪到你頭上，他可能強迫你做很多事，以他覺得適合的方式把氣出在你頭上，為各種虐待行為敞開大門。

如果你反抗，他可能不再回應或幫忙你（而且殘忍地享受你的痛苦）、把你困在家裡或任意一個地方、和其他人出去或徹夜不歸、破壞你的規畫和安排、拒絕你的願望或需求（例如陪你去急診），甚至使用肢體暴力，以此作為報復。

卡在掠奪行為和自以為無力獨自擺脫的困境之間，你的焦慮、不安和失眠會更嚴重，迅速往憂鬱症發展。你會感覺被迫接受一切，因為害怕自己沒有依靠。這個陷阱很可怕，你的缺乏自信與物質和實務上的依賴扎扎實實地吻合並強化掠奪者的控制。

該如何走出物質和實務上的依賴？

這是巨大的挑戰，因為要同時擺脫控制關係，以及範圍更廣泛、生根更久的物質與實務的依賴。此處並不是要找回失落的部分，而是關乎建立新的生活方式。

這條路會很漫長，畢竟需要一步一步完成，不可求快，以免使焦慮加劇，最後導致放棄。朋友可以提供協助，但必須注意不要對朋友產生新的依賴。專業人士也能提供寶貴的協助，因為他們會在陪伴的同時謹慎維持距離，幫助你走向獨立自主。

1.提升能力感

● 首先，你可以歸納一下自己會做與不會做的事、人生中已經達到的成就和克服的挑戰。也許你在某些領域是相對獨立的（並不是每個容易依賴的人在所有領域都毫無能力），而這些健康的領域將會長出能力感的果實。這裡不是要炫耀表現（畢竟這些表現相當薄弱，你心知肚明），而是要清醒明確地看見他們的存在。這就是好的開始。

● 接著，你可以慢慢來，一步一步列出要迎接的挑戰，從中看出是什麼讓你害怕。你要以漸進方式（沒有任何運動員會在比賽當天訓練）進行，分辨哪些是需要克服的步驟，哪些是你認為可以做到的，如果你認為目前沒辦法獨自面對，哪些步驟需要採取迂迴策略以避開。例如，如果你必須在不問某人該選什麼的情況下去買菜，你可能會發現對選蔬菜比選甜點有自信，而甜點你會繼續尋求建議；如果你必須開車到某個地方，去停車容易的郵局或許更單純，而市中心因為街道的車流、必須找車位，還得倒車切入停車位，這些對你來說都更嚇人。事先預想你會遇到的情境，有如心理排練，能幫助你標出路徑與預測必須跨越的困難。你將一步一步培養能力，一項成功將會支持下一個成功。

●你必須學會失敗的時候不要放棄，因為學習就是要透過嘗試和錯誤。想像一下，我要努力走出我一無所知的漆黑房間：如果我什麼都沒碰上、什麼也沒撞到就走出來了，那我對這個房間什麼也沒了解到；反之，如果我撞到了（也不要撞得太重，最好謹慎地前進），以毫無阻礙地走出房間的角度來看，我「失敗」了，但是我會知道某個地方有一件家具、某個地方有一張扶手椅。沒有人能在不失敗或不犯錯的情況下學習、沒有人能夠不經過學習就得到能力，而沒有任何人能不跳進泳池就學會游泳。

完成一項挑戰後（你可以重複挑戰多次鞏固你的學習），你就邁向下一個難度較高的挑戰。每一次勝利，無論對你而言多麼微小，你都要為自己高興，將勝利寫在筆記本裡，時常重讀以增加自己的能力感和自信。每一次失敗，你都要記下從中學到的事物，同時也要記住，決定迎接挑戰本身就已經是個勝利。

你也必須預測掠奪者的反應，當掠奪者發現你逐漸逃離他時絕對會有反應，就算只有一點點。每一次反應對你而言都是一個機會，讓你觀察到他的可預測性，以及他將控制建立在你的物質依賴上。

2. 學習承受焦慮

如果不承受和克服面對挑戰時的恐懼，在這條路上就不會成長。更重要的是，如果你已經決定要擺脫這個陷阱，那是因為你的壓力已經到極限了……你常常只剩下絕望的力氣。

- 要控制恐慌，你可以做的第一件事就是學習停下來進行淺吸氣長吐氣的呼吸，無論你正在做什麼。焦慮程度下降後，你就可以回到手邊正在做的事。你會發現這個防止你陷入恐懼的簡單練習，長期下來能夠讓你變得較平靜，因為你現在知道焦慮飆升時該怎麼做。你甚至可以製作一份「緊急焦慮」專用的小卡，上面記錄該遵循的規則，每次感到恐慌加深時都可以拿出來重新閱讀。你在恐慌的時候會需要幫助，搭配這份卡片，以自主方式得到幫助將會增加你的自由。淺吸氣，就是吸氣的同時胸腔幾乎沒有起伏擴張，就像我們睡著或平靜時一樣。這種平靜悠長的呼吸法可以緩和情緒，降低壓力過度警覺，和深呼吸不同，後者是讓腹部與胸腔膨脹，會提升感受、情緒和警覺。
- 此外，你還可以學習一種或數種放鬆的方法。像是諧振呼吸法（cohérence

cardique）[2]、身心意識學（sophrologie）、催眠、瑜珈、正念等。幫助與減輕壓力的技巧百百種，而且並非全都需要離開家門（網路上就有豐富資源）。通常這些技巧固然需要規律的長期練習，但也能為當下的壓力提供準確反應。隨時都可以在小卡上寫上不同的規則，以便在需要時使用。

勇敢並不是無懼，而是即使害怕但還是去做。

3. 理解並找出障礙的根源

這項工作很重要，因為它可以賦予你的經歷一致性，了解到你並非本質上無能，不過與其他類型的弱點相比，在此處的狀況較不那麼迫切和必要。

透過回顧你的童年和青少年時期，無疑能找出那些阻礙你學習技能的時刻。在這個情況下，有一名可以對話的人相當可貴，因為他能夠讓你看出那些把你幼體化或貶低你，並且不夠注重獨立自主的教養時刻。從來沒收拾過餐桌、整理過房間、自己鋪床或綁鞋帶，這些都不正常。通常剛開始做蛋糕都會有點失敗，或是非常失敗；剛開始寫的字母

2 https://www.coherenceinfo.com

都是歪七扭八；學習樂器的過程總有一大堆錯誤的音符和許多練習時間。學業成績未必總是名列前茅，第一次洗衣服（甚至後來也是……）會出現意外的顏色，因為你把一件會掉色的衣服一起丟進去了。

- 透過心像練習（請見180頁）回到童年場景，對幼時的自己說話、鼓勵他，並且想像他最後成功做到計畫目標。對大腦而言，真實場景與透過心像建立的場景沒有二致：修正的經驗將會是新的種子。
- 這趟旅途的過程中一定會出現各式各樣的情緒，像是恐懼、憤怒、悲傷，你要接納這些情緒，任由它們充分表現。你也可以透過心像練習，對家長表達這些情緒。
- 當你獲得足夠的能力，可以相對獨立自主地生活時，就可以考慮離開掠奪者，這會是一大挑戰，但並非不可能：我認識無數女人和男人都辦到了。然而，我們可以想見這種弱點是如何讓獵物長期處於控制關係，以及為何擺脫控制關係是英勇的行為。

人啊，一輩子
都需要媽媽

14 因為戀愛的時候我會忘記自己是誰

容易情感融合

與伴侶交融的夢想很普遍，但也常與狂愛的夢想混淆：以配合地天衣無縫的雙人舞前進、和諧地合而為一，這是永遠驅散人生中空虛、寂寞和孤立的時刻，更是人人都有的瞬間，如此痛苦難受。當我們墜入愛河，身體在性愛的對話與共享的歡愉中節奏一致時，就會出現這種融合，但是轉瞬即逝的。和世界上的萬物萬事一樣，凡事過度都會有害，若不知道其他方法就會受限。對某些人而言，其他生活方式都是不可能的，而這就成了弱點。

容易情感融合的源頭

有些家長渴望孩子與懷胎，但卻不是想要孩子本身，也就是打從一開始就明白孩子注定會離開家長、建立自己的生活，然而對這些家長來說，想要孩子要不是為了填補情感空虛，要不就是為了透過孩子延續自己的存在。

有一些家長不堪生活的負荷，例如令人心灰意冷或處境艱難的婚姻、與孩子的父親（或母親）慘痛分手、守寡、惡劣或暴力的外在環境等，使得家長把孩子當成所有傷害的「療傷OK繃」。

還有一些家長是自戀人格者，無法忍受孩子掙脫控制並超越他們，這些家長只能接受孩子的成功是來自他們的決定（你要讀醫學系，因為我希望你讀醫學系），而且他們還能為了自我形象利用孩子的成就。

無論原因為何，這些家長（通常但不限於母親）的言行都會出現融合。他們常常會說「我們」而不是「你」（我們今年要上小學二年級了、我們很喜歡動畫）。孩子的一舉一動都會被解釋成像家長，而不是孩子自身發展出來的特點。最好一切都說出來，不要有任何事物藏於祕密花園，想法、感受和行事都要與融合家長一樣。這些家長會說出「只要我們兩人在一起，一切都會好轉」、「大家一輩子都需要媽媽（或爸爸）」等話語。一名女性患者的母親在她很小的時候便離婚，當母親得知患者有男朋友時，尖叫道：「我們兩個在一起那麼好，我們之間不需要第三個人！」後來又補上一句：「這真是我離婚之後最大的失望。」可以想見患者代替的對象是誰，以及被用來療癒什麼痛苦。

孩子認為自己一定要和家長保持融合，否則可能會發生嚴重的事，像是自己或家長死亡、疾病、一場他無法想像但感覺步步逼近的災難。他覺得自己和家長彷彿是同一個人，甚至能夠明白家長的念頭，而家長也是，他們不需要談話就能知道對方想要什麼。

他在體驗獨立行為時帶著強烈罪惡感，不對融合家長設下界限（我想到一支美國廣告，一名母親敲了正在和女友翻雲覆雨的兒子房門，為他遞上保險套）。如果孩子沒有空間能夠發展（而且融合通常不會留下太多空間），他就無法建立自己的個性、喜好、獨特的才能，而是像一個空殼，裡面裝著寄居蟹家長。

情感融合在成年生活中的表現

如果你容易情感融合，常常會無法分辨你和融合對象各自身分認同的起點與終點。你和對方親近導致你的個性與社交生活萎縮：你感覺不到自身的願望，你無法在對方不在場的情況下與其他人往來，就算對方在場也要交由他主導，你的人生失去方向，人生的方向和節奏是對方賦予你的。你深信自己不能沒有對方，就算你成功離開家長（代價往往是每天通電話，或是一天通電話好幾次，把生活細節交代得一清二楚），你也常常會和另一個極具權威的人（上司、朋友、情人）為伍，與他複製同樣的基模。一如和家長在一起時，如果對這個人設下界限，你就會有罪惡感，你會把一切都告訴對方，期待對方也有同樣反應。

當對方不在時，要不是他去上班了，要不就是因為你正在和我進行心理治療，向我描述內心的空虛感，在極端的例子中，甚至感覺自己並非真的存在。你不知道自己喜歡什麼、想要什麼、有什麼才能，感覺自己在世界上跌跌撞撞、沒有方向。你的過去使得你沒有真正養成個人喜好，也沒有依循自己的本性，而對方的人生在你眼中將顯得你的人生更真實。你常常意識到自己在這段關係中感到窒息，然而你留下來是因為離開會讓你有罪惡感，倘若獨自一人就會失去方向。一切都有待建立……幸好這是可能的，即使需要時間。

情感融合的弱點被掠奪者利用

誘惑階段

在這個弱點中，我們再次注意到掠奪關係與獵物童年時期發展出的特性進行可怕共謀：此處亦然，獵物的精神架構使其極為容易受到控制。獵物招來的不是虐待，而是融合：他深信自己需要一個堅強的角色讓自己融入，以帶給他方向和節奏。至於掠奪者，他要的則是一個能服從自己、可以恣意利用的對象。

在誘惑階段，掠奪者展現誇大自戀的所有魅力。他會塑造一個堅強果敢的角色，了解人生、能夠為兩個人做決定。他會對未來做出承諾，為人生帶來（不用說，一定很美好的）方向。他會吹捧強烈的價值觀，事實上他根本無意遵循，但這會讓他顯得迷人。他會讓你甘願自己套上枷鎖[1]、成為他的俘虜，足以讓你想要和他融合。

由於你立刻信任掠奪者，他也馬上摸透可以對你發揮的所有手段。而他用最高明的修飾和謊言包裝自己的形象，沉浸於他在你身上激起的景仰與愛慕眼神。要建立控制關係也不是難事了。

破壞階段

由於你的過往在精神架構中留下的痕跡，你已經掉入掠奪者的控制，而他會盡情享受，讓你做他要你所做、讓你感受他要你所感受、讓你思考他要你所思考。他想要的是一個精神垃圾桶，代替他承受自己的陰暗面：而獵物就是現成的垃圾桶。由於你的過往讓你很困惑，你會很難分辨哪些東西屬於你，哪些是屬於對方的。

掠奪者想要一個物化的人，像一件工具般完成所有他想要的一切，他會毫不猶豫地把苦差事都扔給你，在他想要的時候以他想要的方式強迫你進行性行為，甚至搶走你所有的物質和智性資源。即使你的工作已經很累人，但你會發現自己忙著做所有家務；你會為了一時之誤、疏忽、錯誤的選擇或和你無關的缺失感到內疚或有責任，你會接受不想要的性行為，可能還會提供手工、藝術或智性作品（創新、創作、想法、工作簡報、論文、書籍、演

1 法文為subjuguer，如同字面上的意思，「戴上枷鎖」……。

說……），而他會宣稱這些是自己的。

如果他想要毀掉你（尤其是你比他有效率或更出色，即使他偷走你的成就），他只消讓你有罪惡感（你很久以前就養成這個習慣）或是暫時離開你，讓你屈服在內心的空虛下，再以勝利者的姿態回歸。然後你會鬆一口氣並接受他回來，因為無論他對你做了什麼，沒有他你就活不下去。

可以想見，在這種情況下離開，對獵物而言著實是一大挑戰，他們必須面對自己的空虛和迷失感，最後才能找到自我。

該如何走出情感融合？

除了擺脱控制和面對掠奪者的曲折起伏，這條路最終要找到你自己的人格。你的第一個反應會是找另一隻寄居蟹填補你的空殼，但這無疑每況愈下。有一條通往自我的道路：在最好的情況下，為了避免歷史重演，你將要走這條尋找自我的崎嶇之路。你需要戰士般的勇氣和堅忍不拔，以及忠實的朋友或專業人士，甚至兩者皆具來陪伴你走過這條路，但他們不會代替你做任何決定。注意不要建立新的融合……。

1. 與掠奪者、然後是與融合家長解融合

● 如果你開始走上離開的路，那是因為你在這段關係中承受太多痛苦，但這不見得是融合過程造成的，畢竟你一直以來都是如此。因此，首先要專注在你真正的感受、你自己的想法，以及你真正想要做的事，並注意這些與你對掠奪者的感受、想法和願望有什麼不同。除了惡劣對待本身，和掠奪者在一起時感受到的窒息感是什麼？你真的喜歡所有他喜歡的事物嗎？你喜歡看足球，還是只看媚俗的愛情電影？你喜歡他聽的音樂嗎？你喜歡所有他帶你進行的性行為嗎？一起和朋友（大部分時候是他的朋友）見面時，你總是感覺很自在嗎？由於你已經習慣主要考慮彼此的相似之處，並壓抑自己的差異以便持續融合，現在你必須重新明辨自己的觀點。

● 問問自己，人格的融合和分離各自有什麼優點，這會很有幫助。合而為一會更好嗎？優點有哪些？反之，擁有兩個不同的人格很好嗎？為什麼？說到底，什麼才是最好的情況？你必須自己回答這些問題，這點很重要，以免與提出問題的人產生新的融合……解融合的行為本身並不會讓你擺脫有毒關係，但將會建立不容小覷的優勢：你愈是找回自我，就愈有動力從痛苦的束縛中解放自己，繼續邁向自我之路。

● 接下來，你要探索你和童年時期融合家長之間的相似和差異。你們之間必然有相似

之處（如果你極力避免相似點，那就會走上錯誤的防禦之路），但也必然有相異之處。在心像練習中（請見180頁），你將重返小時候與家長意見分歧的場景。你要讓自己知道當時的感受、當時真正想要的是什麼，以及你是如何選擇抑制自己的動力使其萎縮，以維持和家長的融合。停留在該場景中的你，要向家長解釋你和他的差異，如果有需要，可以讓成人身分的自己介入並協助。在完形中，讓另一個你信任的人向你確認，孩子和家長分開是很正常且必要的，對融合家長設下界限並且不把一切告訴他也很正常且必要，這麼做相當可貴。在心像和隨後的現實中，你會經歷自己的罪惡感，也就是說，你將接受：即使身負罪惡感，你仍然會做你真正想做的，並告訴融合家長，要對他的人生負責的人是他，不是你。

這項練習必然會湧現情緒：脫離與父母和掠奪者融合的悲傷、擔心有壞事發生在自己或對方身上的恐懼，最後是內心被用力壓抑以免離開融合的憤怒。一如其他練習，你必須讓自己感受該感受的一切、讓自己流下所有該流的眼淚，任由自己好好大哭一場。隨著時間過去，你會發現離開融合並不會導致任何災難……正好相反呢！

2.面對內心的空虛，一點一點填補

這部分邁向自我的進程，往往從仍處在與掠奪者的關係中開始，這是一個很好的練習機會，不要和他分享你正在經歷的事。這將是一場了不起的冒險：離開融合是一回事，找回自己又是另一回事。

我記得一名女性患者告訴我：「朋友們要我去做我喜歡的事，但我不知道自己喜歡什麼。」這種空虛感極度難受也令人心驚，需要極大勇氣面對。然而，這片豐饒的空虛是必須維持開放的空間，才能讓你展現本色。一如極光，嶄新的光芒很微弱，起初難以察覺，但隨著時間過去將愈來愈明亮。

- 你可以透過觀察身體對快樂和歡愉的感受，學習發現自己喜歡什麼。你可以為這個用途準備一本筆記本，把每一個大大小小的感受記錄下來：夏日的草莓冰淇淋、看一場電影、讓你想要一口氣讀完的書、跑步時肌肉的感受、和朋友歡笑暢聊（無需他人指點何時該笑）的聚會、園藝、編織、畫畫……慢慢地，你會找到「自己的喜好」，發現自己的才能。你會像探險家一樣嘗試各種事物，直到累積了自己的寶藏。你採取的探索路線已經給了你一個方向，指出你要走的路。

●通常你對探索的事物不會有太多想法，你可以把筆記本倒過來從另外一頭開始記錄，寫下一整天當中浮現的各種願望，從最微小的事物到最大的心願，像是一片巧克力到騎腳踏車環遊中國都可以。這個作法的主旨是寫下你的願望，無論是否能夠實現，重點在於讓你熟悉心願的奔流。要付諸行動，一開始可以先在網路上查找各種（沒有掠奪者同行的）外出或活動（甚至有為這類目的存在的小組），然後開始踏出去，即使沒有熱情也無妨，探索就是唯一目的。

●但這麼做還不夠，因為愉悅和消遣並不能充實人生。你必須找到自己的人生意義，因此，不妨觀察哪些事情讓你激動，哪些事情令你憤慨。在這些反應中，你會發現自己的價值觀，進而為你指引道路。你對照護的內容感興趣，對象是誰、該如何照護？你對處處可見的不公義感到憤怒嗎？你熱衷於哲學辯論嗎？你是否被美（無論其形式為何）所震懾，讓你想花時間細細欣賞，甚至自己動手創造美？當然，還有其他成千上萬的事物是可能的，畢竟世界上有多少人類，能賦予生命的意義就有多少！

想像自己有一天能夠完成通向自我的道路，這樣既不合理也不健康。存在就是生成，而這是不斷改變的。重要的是，你已經找到一些答案，但更重要的是你已經找到自己願望和價值觀的道路，因此人生有了方向，即使生命的方向在路途中會改變也沒關係，因為人人都是如此。

你又忘記和
鄰居打招呼了

15 因為我沒辦法反抗

容易屈從

我們在童年時期會受到一些必要的限制，而我們也學會服從權威。如果權威是善意、健康而且具保護性的，它可以幫助我們成長發展，成為尊重規則、差異性與他人界限的公民，因為一個人的自由止於他人自由的界限。此外，這常常也是病態型自戀人格者沒有學會的，他們從被寵壞的孩子變成小暴君，然後成為成人暴君。

然而，過度服從會剝奪我們自身的權威，換句話說，「權威」（autorité）一字的淵源，就是成為我們的人生與決定負責任的人（auteur）。這種容易服從的弱點，有如無法克制的無意識行為，會對人的自主性和自由選擇產生有害的後果，就算自主性和自由選擇保持在健康範圍內亦然。因此要準確拿捏且持續進行調整，也就是不可過與不及。

容易屈從的根源

有些人童年服從於過度控制的家長，後者試圖支配孩子生活的方方面面。家長的意志優先於一切，孩子則眼看自己的自由空間縮減到所剩無幾。孩子沒有權力自己做決定，甚至無權表達自身的需求，否則會面臨嚴重後果，像是斥責、懲罰、冷漠與禁令、拒絕和遺棄等經驗（例如罰站、只有乾麵包和水等等）、家長的憤怒，有時還伴隨體罰、暴力等。孩子必須遵守家長對他的期望，不能以超出規定範圍的行為、要求或需求打擾家長。於是，他必須按照家長的指示，在指定的時間、以指定的方式睡覺、吃飯、讀書或玩耍，只能與家長准許的人往來，只能做規定的額外活動，而且必須以指定的方式進行。任何超過這個範圍的需求都可能招來懲罰。

家長可能是易怒且暴力的人，對孩子沒有耐心也不體貼，不尊重孩子作為一個人的差異性與完整性，把孩子當成物體或有待訓練的動物。家長也可能極度嚴格，硬是要孩子遵循他們認可的唯一標準，原因可能是過度擔心流言蜚語，或是他們隸屬於有嚴格規定的團體，像是某些宗教團體或教派。

於是孩子學會服從，不提出問題也不思考問題、不表達自身的願望和需求，等待命令被動地生活，總而言之，就是順從。這個弱點通常會與其他弱點結合出現：害怕被遺棄：這可能是不服從與自主的後果；容易感到羞恥：不符合「規範」因此是可恥的人；容易在物質和實務上依賴：因為孩子在報復手段下無計可施；以及情感融合之類的人格萎縮，因為孩子養成不表達欲望和需求的習慣，甚至對此不再有意識，以把無能為力的痛苦降到最低。

即便如此，孩子還是必須表達某些事物，而他充滿了自己沒有意識到的憤怒（否則太危險了），孩子常常對過於威嚇或強迫的命令採取被動攻擊式的抵抗。由於無法正面反抗，孩子便在沒有明確意識下盡力消極不服從：像是疏忽、拖延、不理解和裝傻、搞破壞的同時確保這不會是自己的錯、生病或裝病……當然，在這種情況下，我們可以理解這是受壓抑的憤怒轉移，這讓孩子擁有最低限度的精神存活，也為他留下自由的餘地，即使這股憤怒的轉移克制在消極反對中。

現實遠比此處以教導為目的的舉例有著更多樣的要素，屈從的壓力也可能較輕微，然而仍是過度的壓力。因此，孩子會出現容易屈從的弱點，雖然較不明顯，但依然有害。

容易屈從在成年生活中的表現

如果你容易屈從，那就是允許他人支配和控制你，如果你試圖反抗，最輕微的遺棄或懲罰威脅往往會讓你停止反抗。你會服從、遵循規定，竭盡所能滿足那些權威者表現出（或對你提出）的要求，無論這些要求是否合理。雖然父權模式要求女性要永遠像個聽話順從的孩子，然而在男性身上也能見到這種弱點，而且遠比我們想像的常見。

你可以壓抑自己的需求或渴望，以符合對方的要求，你將所有權力交付給對方（即使你沒有如此聲明）。如果你是好好先生或好好小姐，你總是表示同意、不自覺地把自己擺在第二，因為你認為自己的衝動是不應該的。你常常說自己無法忍受衝突，認為表達自己的需求、願望或底線可能會讓對方不愉快，造成不可挽回的後果。對方的憤怒可能會讓你回想起童年時對拋棄、拒絕、羞恥和懲罰的恐懼。

因為害怕對方會報復，所以你也不會表達自己的憤怒，常常對一絲絲不悅的表情，甚至對建設性的話語過度敏感，會像隻訓練有素的狗自動「坐下」。

你深信自己的需求和情緒對他人而言不重要，因此你不會直接表達，也很難表達出來。你過度隨和，可能顯得很好相處、很少流露情緒，因此感覺難以捉摸，然而你心底的憤怒常常促使你採取童年時習得的被動攻擊行為：雖然你看似接受一切，卻會多少主動破壞那些似乎強加在你身上、不適合你的事務，像是一再疏忽、遲到、錯誤理解、出醜、口誤和其他笨手笨腳的表現，或是無預警逃跑，而且無消無息。

有時候，你會承受不了情緒，突然暴怒並把周遭的人嚇得不知所措。這些突如其來的情緒風暴的強度常常連你也害怕，因此更加深你的信念：不能放過任何事。當溫和的你變成惡龍時，突然間會以非常強烈的字眼表達壓抑已久的怨恨、公開大罵看似持續已久的情況、毫無預兆地行動，例如不給自己留退路就辭職（導致自我懲罰），或是爆發肢體暴力、砸爛某些地方或物品，甚至更糟。你就是「暴風雨前的平靜」這句格言的最佳證明……但你常常在恐懼和羞恥的驅使下，以最卑微的姿態回來道歉。

你常常受心身症的症狀所苦，像是偏頭痛、胃痛、消化道問題、心血管疾病、重複感染……隱藏的憤怒和壓抑的表達會反過來攻擊你並在內心引爆。同時間，你會把自己的願望和情緒往肚子裡吞，用各種成癮深深埋藏，從食物、香菸、酒精到非法藥物。

有時候，你會拒絕親近的關係，表現出（有點過度的）強烈獨立性，以免落入對方的控制、使自己屈從於對方。你對自己的自由發表長篇大論，卻隱藏不了你對於受到某人控制並且屈從於他的恐懼……偏偏你最後就會遇見這樣的人，那些對我們特別有魅力的對象，確實就是會讓我們的基模運轉的人（永遠如此，對所有基模皆然）。

容易屈從的弱點被掠奪者利用

誘惑階段

我們可以清楚看出這個弱點多麼適合控制關係。掠奪者的目標是取得權力和支配，然而這正是容易受到屈從的人期待的。這件事本身就是打動掠奪者的陰險理由！

如果你正處在努力和所有人保持距離以免受到屈從的階段，掠奪者很樂意花時間追求以馴服你。他成功的機會很高，因為你和每個人一樣需要愛！

在誘惑階段，掠奪者會表現出善意指導性的家長形象，但不會施加過多壓力，以免激起你的被動攻擊機制。他會注意只提議愉快的活動，就算決定的人是他，他也會牽起你的手，帶你在人間樂園散步。沒察覺到陷阱的你，很可能會任由掠奪者帶著你愈走愈深。

如果你向他請求許可，進行日常生活中最普通的行為（我這樣呼吸／睡覺／吃飯／去上廁所不會打擾你吧？[2]），你迫不及待這麼做而掠奪者會寬容地同意，順便記下你的運作狀態。一名女性患者在我們的治療過程中，告訴我她回想起的一件事。她買了巧克力，在家與後來成為惡夢的對象分著吃。剩下兩塊時，她尖著嗓子低頭問他：「我可以再拿一塊嗎？」一個不屈從的人只會說：「剩兩塊！我們一人一塊吧？」這三秒鐘，就足以讓她的掠奪者客人摸透她，並且開啟通往掠奪關係的高速公路……。

注意，有一種掠奪手段常常被忽略，那就是沒有資源的弱女子。雖然性別角色在我們的社會中仍舊非常父權，女性掠奪者卻可以在誘惑時期，以扮演孩子氣女人的角色鞏固她的權力。建立起控制關係後，她終於露出反覆無常的面目：以幼稚的賭氣或任性作為報復手段，如果她的伴侶有容易屈從的弱點，她就能觸發屈從的反射。就算表面看起來不一樣，取得權力的途徑本質其實是相同的。

一旦建立起屈從的運作，掠奪者會明確地要求而你則服從，掠奪關係就會加速運作。

破壞階段

掠奪者發號施令，你則順從。他輕鬆就能得到任何想要的一切，幾乎毫無保留，畢竟他只要讓你知道拒絕的下場是什麼就夠了：憤怒、侮辱、拋棄、拒絕、冷漠以及其他懲罰。為了不要引起這些反應，你接受了我們不厭其煩描述的悲慘命運：完成你不想做的事，扛下所有不屬於你的責任，總之，你屈從得太過頭了。於是，你會接受確保伴侶生活的收入並打理家務（掠奪者則只做他想做的事）、你接受以他要求的方式穿著打扮、同意參加對你而言乏味的參觀和無趣的休閒活動、乖乖以你不想要的方式進行性行為……。

如果你的行為變得被動攻擊，掠奪者大可以隨意說你有精神問題，因為被動攻擊確實就是一種心理障礙。就算你的狀態惡化是他造成的，這也不會改變任何事：因為被動攻擊行為確實不正常。你甚至可能懷疑自己，認為你們的伴侶關係惡化一定是自己的錯。

如果怒氣爆發，這就是掠奪者有樣學樣的大好機會。他會愛死這場激烈衝突，還能增加

1 這種魅力也可以是帶來不幸的愛情靈藥……。

2 看起來很誇張，但其實比你想像的更真實。

對你施加的壓力，甚至允許自己使用暴力：如果你沒有客觀審視和分析處境，你會感覺自己有共同責任，而且這麼想不無道理，畢竟發脾氣的人是你。然而在這種情況下，你如何能夠客觀審視和分析處境？這是不可能的。事實上，你抱怨掠奪者或意識到對方不對勁的可能性微乎其微：你比較有可能認為自己要更努力讓事情好轉，也就是說，你會更壓抑自己的憤怒，因為你管理情緒的第一個反應就是壓抑。你可能要過很長一段時間，才會明白自己的憤怒是合理的，而且你可以運用這股怒氣，不是以激烈方式發怒，因為這沒什麼幫助，而是將憤怒轉化為力量，用來表達自我和離開。你確實需要努力，以獲得力量說「不」和明確表達你的願望！

最後，掠奪者可能會因為你「裝模作樣」和「弱不禁風」的身體條件而苦惱，並在你出現身心症狀的時候嘲笑你或對此惱怒。他也會因為你可能成癮而譏諷你，而這再次提醒你，有病的人是你，而且只有你。相較之下，他會感覺自己的身心都無比健康。

魚在水中不知水，同樣的，你可能需要時間、很多時間，才能意識到自己會自動順從，還要更多時間才能接受這點並不正常也不適當。如果你是男性，羞恥感會更加一等，因為在仍然支配著我們的性別角色期待中，男性必須堅強、不能任由自己被控制，更不該被女人控制。

我們理解原因，如果你容易屈從，那是因為你長期以來都留在陷阱裡：即使你的處境極為痛苦，你也不會意識到有任何異常，這不僅僅是你的作為，絕非如此。而意識到這一點，才只是旅程的開端！

該如何走出容易屈從？

第一步是要意識到，即使你的心理功能失常，但這並不是你唯一的問題：你的心理功能失常有點像見樹不見林。你必須擺脫這個失常，拆解讓你緩慢死去的陷阱機制。這條路可能很漫長，尤其是不樂見你逃脫的掠奪者，將會展開愈來愈激烈的威脅以觸發你的順從機制。朋友或專業人士的支持在這個情況中會相當有用，前提是對方也意識到你的屈從只是問題的其中一面：倘若他們讓你以為你只要堅持立場並且說「不」，這一切就能夠好轉的話，這反而會強化你是唯一有責任的人的念頭，進而強化陷阱。

1. 意識到自己的需求和願望

此處的進程與走出情感融合的進程幾乎相同：你過度壓抑屬於自己的一切，以至於你不知道如何分辨哪些才是屬於自己的獨特動能。因此，你必須學會傾聽你的意念，找出讓你感興趣、讓你快樂或愉悅的事物。

● 一如擺脫情感融合，在這個過程中，你可以翻開小筆記本記錄下你的發現，同時也寫下大大小小的願望，然後重新閱讀內容，以找到自我、再度找到自我，借用一名女性患者的說法，這就像一本「找到自我手冊」。

● 你要找出童年時期你必須服從的限制，將之與正常教育中要求的限制比較。你可以在給家長的教養書籍裡、在有孩子的朋友身上、在公園觀察、在專業人士的話語中找到健康教養的例子，如果你有孩子的話，也會在自己的教養方式中發現一些例子：可以確定的是，為了不要讓孩子承受同樣的可怕教養，你不會複製自己曾經遭受的經歷。常見的狀況是你可能會對自己接受的教養模式矯枉過正，因而顯得過度寬容，那對你的孩子而言，這也是體驗有益的調整機會！

● 在他人的幫助下，你也會意識到掠奪者對你的要求和苛求是無法接受的。這就是陪伴容易屈從的獵物的特殊之處：功能失調不僅是你的問題，你還必須談論掠奪者，這並不是心理治療過程的慣例。在這個情況下，光是擺脫服從和自我肯定是不夠的。由於大部分的情況下，你並不知道或不再知道哪些事情整體而言是可接受的，特別是因為你的弱點和受到控制的緣故，你會在與掠奪者的對話以及重新意識到自己的需求中，重新建立自己的界限。

2.自我主張，但也要面對掠奪者

自我主張是一門藝術，在說出關於自身事實（需求、願望、界限）的同時保持被社會接受。對大部分的人而言不難達到這個目標，而你確實有必要學習自我肯定：說出你想要的、對你的需求提出要求、談論你的感受、表達出你長期壓抑的一切。你還是可以保持友善，但不需要永遠為他人效力。你可以循序漸進地開始：例如在樓梯平臺上對你滔滔不絕談論自己生活的鄰居，告訴他你在趕時間，然後離開；在麵包店要求一根不過熟、熟度是你喜愛的長棍麵包（不是那個……對，就是那根！）。如此慢慢地進行下去，直到你有辦法對總是要你幫忙的同事說你有其他事情要忙。多麼了不起的勝利！多麼如釋重負啊！問問自己，在你開始之前，人們是否真的像你擔心的那樣「懲罰」你。請店員拿小一號尺寸的衣物，他真的會覺得你很煩人、對你擺臉色嗎？回絕朋友的邀約，她真的從此和你絕交嗎？拒絕幫忙同事，她是否真的再也不跟你說話了呢？當你發現對他人設下界限時，你注意到什麼？而當你終於對小事放膽說「不」的時候，會發生什麼事？你可以對每一個人進行這項練習……除了掠奪者：和他交手全然是另一回事！

掠奪者的驚訝平息後，顯然不會願意接受這股新的主張；他的懲罰手段很可能會變本加厲，以便繼續掌控如此乖順有用的你。面對掠奪者，必須運用比較策略性或巧妙的措施，只要你覺得適合都行，並且要逐漸增強。任何正面反對都可能演變成肢體衝突，不管你的內心是否明確堅定，在第一時間不要冒險這麼做，否則可能會觸發不久前才慢慢擺脫的舊心理機制，然後你會安慰自己，所有你的主張都會演變成災難。

對付掠奪者，要保持你對自身需求的意識活躍，而不是放棄這股意識，首先可以利用藉口回應掠奪者的要求。嚴格來說，自我肯定必須是明確而且不帶操縱手段，然而唯有面對掠奪者時，第一時間有必要使用策略：你要等待適合的時機，找到或編造一個他無法反對的藉口（我有傳染性感染，不能做愛）、向他表現可以得到的好處（我會買新鞋子，如果我露出我的美腿，你會覺得自己更有面子）等等。如果掠奪者還是表現出些許惱怒，那你必須學習忍受。

當你看清並理解他的手段、能夠忍受好幾個小時或好幾天的賭氣不說話、言語攻擊、冷戰或怒吼時，你的自我肯定就會隨之增強。說到底，當你幾乎可以毫無恐懼地預見自己必然會引起掠奪者的伎倆和攻擊的時候，你已經準備好離開，以及迎擊離開時的各種動盪與混亂。對你和其他獵物而言，你們並不是不害怕，但是你們能夠面對並且克服這一切，而不會被掠奪者的把戲嚇得不知所措。

3.體驗自身的憤怒，將之化為力量

逐漸擺脫屈從的同時，在這趟進程中，你難免會接觸到內心終於意識到的憤怒。你可以把你的被動攻擊化為主動的力量，並把針對壓迫你的人的憤怒化為維護自我主張的憤怒。對於這一點，重回童年時期你受到限制的場景將會將當有幫助。

透過心像練習（請見180頁）帶自己回到這些場景，當你融入童年時的自己時，讓自己感受接下來發生的事：大部分的情況下，首先會浮現悲傷，然後是恐懼，最後是盛怒、怒意、失落、反抗等感受；小時候的你，終於能夠表達這些感受，想要多麼強烈大聲地表達都無妨。如果有需要，你可以讓成年的自己介入場景，堅定大聲地告訴家長你的想法、主張你的教養價值觀、宣告這種恐懼和服從的教養體制已經結束了，你不會再允許它發生。在心像中，你要對小時候的自己做出承諾，從今以後會保護他，不會再允許任何人逼他服從和強迫他。當你在憤怒的力量驅使下，能夠冷靜地運用這股強大的能量主張自己的需求、願望和界限時，你就能把憤怒轉化為肯定的力量。從這股力量與認知和行為的勝利中，你將能迎擊掠奪者，並且對同輩平起平坐地協商，而不是帶著服從或挑釁。

在接下來的一段時間裡，你仍要盡可能抵抗人生路上會遇見的專橫之人、各式各樣的父權主義者、任性的人對你施展的吸引力，以免重蹈覆轍。善良的人、有樂意合作的人、溫柔的人對你而言顯得有點乏味無趣，但唯有和他們在一起，你才可能建立平靜和諧的友誼或伴侶關係。

此處描述的大方向不免令人覺得長路漫漫：擺脫控制也是在改變自己，需要戰士般的勇氣和不屈不撓。我們可以清楚看出容易屈從的獵物為何與如何難以逃離陷阱，而我們也理解到，「你只要說『不』，然後離開就好啦」這樣的簡單建議，多麼忽略獵物的心理和過往的蜿蜒曲折。願那些擺脫控制的人，都能為他們的旅程獲得認可和尊敬。

媽媽，
你好傷心……
我的布偶借你……

16

因為我對他人很敏感，無法忍受他們的困境

容易自我否定

自我克制是崇高價值的表現：愛、仁慈、為他人奉獻自我而不求回報。當這種自我克制是以過度自我犧牲為代價時就會出現問題。人只有在過多的時候才會真心給予：如果我們的杯子幾乎滿了，那麼和他人分享有助於為我們的生命帶來意義，也讓我們和他人與其他生靈的連結更具體。然而，如果我們習慣因為罪惡感而做出對自己不利的給予時，我們就會倒空自己的杯子，這種犧牲會讓我們變得虛弱無力，很快便感到悲傷，因為我們開始期待投資會有回報，像是感謝、認可，或是我們提供的協助帶來成功，然後被當成一種自我驗證。簡而言之，我們的自我摻雜其中，這絕對不是什麼好事。

容易自我否定（abnégation）是受罪惡感驅動的自我犧牲傾向，會導致我們苛刻自己。自我否定和自我克制同樣是平衡的問題：人都必須自我克制，但不該過與不及。

自我否定的源頭

一如正向心理學研究顯示，年紀很小的孩子天生具有同理心和利他性[1]。他們會自然而然地以綿薄之力、盡其所能地幫忙。在感人（而且也令人對人性稍微安心）的一面之外，這些充滿同情心的動能，在某些情況下可能成為弱點，往後可能會危害該人的生活品質。

確實，當年幼孩子的家長遭遇困難時，孩子自然會想幫助家長，減輕他們的負擔。我寫下這些文字的時候，戰爭正在烏克蘭如火如荼地進行，我的腦海中浮現那些穿過烏克蘭和波蘭邊境以逃離炸彈的母親，她們拋下丈夫和家，筋疲力盡、飽受驚嚇、神色驚恐，盡全力堅持下去。拍攝到她們的孩子時，孩子往往出奇地平靜，比起自己的命運，似乎更在乎支持母親。這就是自我克制和愛導致的效果。問題是，孩子的方法極為有限，這使他們感到無助，進而導致內疚：他們為無法讓媽媽好起來而內疚、對處境無能為力而內疚，甚至有時為自己的存在成為母親的負擔而內疚。這時就極有可能產生自我否定的弱點：一部分的孩子會就這股內疚記在心裡，在目睹他人（尤其是親近的人）的不幸時就會觸發，致使他們竭盡心力、犧牲自己盡可能提供協助，但往往毫無助益。他們會痛苦地體會到內疚和無力感。

因此，正如我剛剛提到的那些特別悲慘的事件，當孩子察覺到家長的不幸時，很有可能形成這種弱點。人生並非總是輕鬆平坦的路，因此這種自我否定的弱點並不少見，也就是充滿罪惡感的犧牲性付出，甚至是最普遍的弱點。

除此之外還有其他原因：有些父母會利用孩子天生的同情心，對著他們大肆抱怨或吐露心事，這固然是人性，但絕對不健康。孩子的角色並不是支持家長，至少在我們有能力依靠自己或其他成年人的時候不該如此。有些孩子對自己的存在感到內疚（因為我出生在這個世界，所以媽媽不幸福），他們總是試圖用自己的生存權作為交換，為受苦的家長盡心盡力，而且犧牲自己的權益。只要大家沒有完全幸福，他們就不可能快樂幸福，或是蒙上內疚的色彩。可以想見，這個條件是不可能實現的，而且完全活在美好時光與幸福中也是不可能的。

我在諮商中常常遇到這類情況中特有的例子：其中一名家長會抱怨，自己會對孩子吐露對另一名家長的真心話（有時候甚至透露他們的性生活，或是徵求孩子的建議以決定是否該離婚）；於是，孩子不僅被迫接受他不需要知道的事，甚至還陷入忠誠度的衝突。這真是激發罪惡感和犧牲性自我否定的最佳方法啊！

有些則是自我中心的家長，認為全世界和自己身邊的人，尤其是他們的孩子，天生都該為他們的利益盡心盡力。當孩子不是為家長賣命，而是為自身的利益努力或是回應自己的需求時，這些家長就會指責孩子自私。孩子會了解到，唯一能接受的立場就是為他人的利益犧

1 相關研究的影片，請見：https://www.agnesdutheil.fr/laltruisme-et-lempathie-chez-les-petits-enfants/。

牲，否則就會感到自己不足、冷酷無情、有罪惡感。

家長本身也可能有強大的自我否定基模，令他們處於聖人或殉難者的姿態。於是他們透過言語或自身的榜樣，敦促周遭的人要勇於面對世界的痛苦帶來的挑戰，否則就不值得受到尊敬或被愛。他們的孩子自然很難抵抗這項命令，由於不讓自己休息以恢復氣力，因此很難不失去精力和生命力。

最後，家長的軟弱、無能、疾病、毒癮、酗酒或憂鬱可能令家長無力勝任親職的角色和功能。在其他情況下，則是家長的工作量和處境導致孩子要照顧自己的兄弟姊妹，但後果是一樣的：親子角色顛倒，孩子成為了「親職化」的小孩。幫助和照顧自己所愛的人是孩子的第二天性、是他難以拋棄的身分認同，否則就會充滿罪惡感，並感覺自己「毫無用處」所以一文不值。

在所有情況下，務必注意屈從和自我否定的差別：屈從是孩子出於恐懼（被遺棄，拒絕、懲罰）而放棄表達自身的需求和界限；自我否定則是出於內疚和同理心而放棄。屈從是外部強加的；自我否定則是對情境反應的內在情緒。然而，即便這兩個原因依循不同的邏輯卻經常疊加。

自我否定在成年生活中的表現

如果你容易自我否定，就會表現出過度關心於滿足他人的需求，反而對自身的需求不利。你會傾聽、幫助他人且很少談論自己，當注意力轉到你身上時，你會感覺不自在。

從你向他人提供的協助對你造成損害的那一刻起，這就是過度的協助，就算乍看是正向的協助，最後卻對你和他人都有害處。事實上，就算他人沒有向你提出任何要求，你也傾向於照顧對方，光是對方抱怨就足以讓你行動了。於是，你可能會強化對方的受害者行為、妨礙他獲得能力和自主性，並且產生依賴性，使你們雙方都落入自動強化的系統：對方愈是顯得脆弱、沒有資源，你就愈容易在他開口前急著幫忙，進而加深對方的無力等等。

由於你也傾向不明確地為自己提出要求，你在這段期間會累積失落感與未被滿足的需求，不免會造成一種後果：你可能會化身為怒氣沖天的檢察官與對方發生衝突，開始責怪對方的無能、依賴、自私，然而你指責的一切，正是你自己親手助長的。

此外，由於通常沒有得到與付出等價的回報（反正你也會拒絕）和你希望獲得的認可，你很可能會變成滿腹辛酸和失望的受害者，變得憂鬱或引發心身症狀（偏頭痛、消化系統疾病、心血管或免疫系統疾病等）。

這個系統會在你一生中不斷重演，你卻不會意識到自我否定才是真正的問題：事實上，要怎麼發現這份令你自豪與社會看重的慷慨，竟然會是萬惡的根源？

另一方面，由於自我否定通常表示情感匱乏[2]，你對自身的需求沒有意識，因而常常感覺自己面臨難解的謎題。然而有時候，困難變得如此沉重和難受，因而把你逼到絕境，最終帶你走向意識之路，然後邁向解決……一如瑪麗－路薏絲・馮・法蘭茲所寫，奇蹟有時會從黑暗的門降臨。

自我否定的弱點被掠奪者利用

誘惑階段

掠奪者是受害者悲歌的高手，善於以各種調性演奏。他知道這個面具對於吸引注意力和占據具有優勢的位置多麼有利。在社群網路上，光是這個處境就足以讓掠奪者成為英雄。對一個容易自我否定的人而言，這個伎倆的效果絕佳：這些不太費力的誘惑把戲已經布置完畢，眼前這個必須面對如此困境的人，讓你感到一股幾乎無法克制的衝動：可能是幾乎沒有資源的年輕女性，每一毛錢都要精打細算；也可能是有過艱難童年的男人，必須勇敢面對逆境（奇怪的是，通常是在慘烈的分手或離婚後……）。你毫不猶豫地著手進行，聆聽、提出問題、給建議、打開你的大門和錢包。你不喜歡談論自己？那正好，反正掠奪者不在乎，一兩個做做樣子的問題就夠了。

我們已經看見，你的童年創傷之一就是未能有效地幫助他人：為了誘惑和大大滿足你，掠奪者會感謝你，稱讚你的傾聽、睿智、協助，假裝從中獲得重要的支持。你終於感覺自己有點用處，並且證明你的存在意義，因為你的弱點決定了你需要被人們需要。你會感覺自己有能力，存在的意義得到安慰，這是多麼醉人的瓊漿玉液啊！你也會有安全感，以至於願意進一步投入關係，尤其若掠奪者表現出或聲明他再也不能沒有你，你若把這份宣言當作愛的誓言，那麼誘惑的效果就十拿九穩了。

破壞階段

在破壞階段，掠奪者將會露出真面目：對於剝削他人，他永遠不嫌多。他會增加要求，同時也表現出受害者的另一面，那就是迫害者的面貌：於是他不再要求，而是苛求。他的感謝和其他認可的表現將蕩然無存：他永遠不會滿足，你的疲憊就是他的享受。他會讓你重溫你最害怕的無助，也會盡其所能地貶低你和讓你感到內疚。你的禮物永遠不對，開心時刻毀在他小題大作的批評上；他若想要某個東西，當他到手時，他就開始想要相反的；當你達到

2 請見182頁及後頁。

他的命令時，他會指責你什麼都搞錯。他從根本上受到嫉妒的控制：你愈是表現出自己的能力、聰慧和效率，他愈會對你窮追猛打，在你疲憊不堪、想要為自己空出一些時間的時候，他就會說你自私。在你人生的早期已經習慣無法讓他人滿意，因此這類反應幾乎不會讓你詫異，而且還會持續很長一段時間。

你遲早會因為再也無法忍受，而感受不到任何付出的喜悅，甚至表現出想要放棄的意願。接著，掠奪者只要為自己的行為道歉，隨便以受害者的解釋為自己辯解、表現出自我反省或意識到自己的問題。當你充滿希望（更甚一般情況）地認為透過愛就能改變他或治療他，你就會原諒掠奪者。看見你的苦心似乎終於有回報時，你當然不會放棄，不是嗎？接著就會恢復破壞階段，開始新的循環，永無止盡。

這個弱點中，「希望讓人得以活下去」這句格言再次顯示它的限制：當希望沒有正確理由時，就會讓人長期受折磨，導致人們追求由虛假和精心維護的幻覺所助長不切實際的幻想。而且，由於希望讓人很難放棄、你認為自己顯然有能力做到（似乎已經成功過），也由於你的弱點促使你給予協助以擺脫你的無力感，長期下來你可能會導致自己枯竭。你會維持錯誤的同情心，也就是對他人過剩，對自己卻不夠。

該如何走出自我否定？

1.了解情況

要成功擺脫病態型自戀人格者的控制和過度自我否定，你必須走上清醒之路。雖然這條路並不舒服，卻是必要而且對你有益的。

- 首先，你必須意識到自己的疲憊和內心的不滿，並且停止假裝一切都不重要，或是你比任何人都強壯。這一次，把目光轉向自己會相當有用：你處於何種狀態？如果你看到別人處於相同狀態，你會有什麼反應？如此正視內心往往很痛苦，也會產生很多悲傷。然而，這種自我關懷就是旅途的開端，即使你常常一開始就說，傾聽內心是軟弱的表現……你的哪些需求落空了？你放棄了哪些夢想？你的哪些部分需要那份接納的愛？你的哪些部分需要同理、理解和傾聽？通常，在頭幾次諮商中，我的患者會對我說：有一個能夠聽我說話而且理解我的人，感覺真好。他們必須意識到這確實是一種基本需求。你無疑要踏上一條理解和意識到所有自身需求的道路，如同走出情感匱乏的人（請見180頁與後頁），而你通常也有情感上的匱乏。

● 你也必須衡量你在生活中付出和得到之間的不平衡。把這些事情寫下來列成清單可能會很有用：平衡與不平衡事物的直列看起來會更明顯。「付出」和「接受」的直列應該要大致均衡，否則就不是健康的關係。如果要意識到這種不均衡是整體的，而不單只在控制關係中，你可以列出與其他親近友人的表單：有多少朋友期待你的聆聽和協助，卻幾乎沒想過詢問你的近況？有多少同事如此？有多少親近的人如此？只有對一種人，我們的付出大於接受是健康的，那就是對孩子。對其他人都不是。

● 你必須思考，那些你向其展現自我否定之人的「脆弱性」：他們真的如此一無所有嗎？如果他們的處境真的很惡劣，那他們做了（或沒做）什麼導致自己淪落至此？如果沒有你，他們會如何擺脫困境？難道沒有人是靠自己擺脫類似的困境嗎？你的協助是否會強化他們無力照顧自己？永遠要思考受害者的處境，因為他們的處境正表示了對能力的否認；照顧受害者就是強化和維持對方的無力處境，和給予協助完全相反！

● 最後，意識到這一點往往是最痛苦的：你必須放棄治療掠奪者。在諮商中，患者經常爭論、逐步協商、想要證明我在胡說，透過一次又一次地討論，最後才意識到這個事實，而這是最痛苦的。然而，由於病態型自戀人格本身就是對精神病的微小勝利，掠奪者會盡全力保護自己最後的倚靠。雖然掠奪者會沮喪，意識到因為自己的行為導致所有人際關係都失敗，有時候會因此稍微修正自己的行為、改變一兩個最明顯的缺點，然而他的根本架構是不變的。此外，沒有人會因為他人的希望，就從根本上改變自己！說到底，這樣比較好……。

2. 接納悲傷和憤怒

所有這些意識必然會產生情緒，這些情緒是必要的，而且應該要悅納它們：我們不要以某種方式努力逃避情緒，而是要盡情大哭、流下眼淚、感受所有情緒，甚至放聲大吼，表達所有的憤怒。去感受，真正地感受，然後呼吸，不是為了逃避或平靜下來，而是接受這股情緒的體驗。

- 當你關懷自己，發現童年時期被忽視和成年後持續在這方面遭到忽視的程度時，會湧現一股悲傷。這股悲痛並不是自私的，因為你為其他人做了許多事，卻忽略了自己。從這股悲傷中，將會出現一種較健康地展現慷慨之意的方式，也就是有餘裕時才付出，而且要有限度。只有一個人有義務要關心你的成人需求，那就是你自己。

如果你只關心他人，同時損及自己的需求，那麼這些人遲早會當面承受你的怨懟，而事態就會變調……對你和他人而言都是。這股悲痛是有益的，它會帶給動能，讓你不再拋棄自己。

- 首先是針對家長的憤怒將會很快出現，他們不注意你或只關心自己，沒有考慮到你是個孩子，而且有時承擔了親職。此處不是要審判家長，他們已經在能力範圍內盡力了，而是要有意識地經歷這股與不公平待遇有關的憤怒。在心像練習中（請見180頁），你可以用言語對家長表達你的感受、反抗、怒火、責備；不管這些話語是否成立，在這裡都不重要，因為相關的家長並不在場。重要的是，這股憤怒得以表達出來。同樣的，你會在心像中向掠奪者表達所有不滿、一口氣說出所有怨懟、爆發所有怒意。最後，如果有必要，如果對你有幫助的話，你也可以在心像中召喚那些曾經利用你的人，對他們說出一切。如此就能將內心撥亂反正，把你心中的帳都算清楚……。
- 此處重要的是，盡量避免和掠奪者正面交鋒，不要對他說他的所作所為，也不要讓他知道他在你心中激起的憤怒。他不會因此而改變，甚至不會理解，而且會毫不猶豫地使用言語暴力、施展各種手段，以破壞你仍脆弱的新生平衡。即使滿腔怒火，肢體暴力也令人恐懼。就算言語不再能打擊你，拳頭還是可以。你對他的憤怒將會化為力量，也就是離開的力量。

- 有時候，面對一些無能為力的情況，你會感到絕望。面對這股情緒就像是哀悼，發生不可避免的情況時，有時是悲慘的事，會讓我們無言以對。就像哀悼，經受這些情緒讓你得以接受哀悼（事情已經發生了），這是通往平靜的道路，有時候也是通往智慧的路
- 你還要學會辨認和找出那些可能會給予而不是一味索取的親近友人，學會更直接地開口表達自己的需求，而不是隱藏起來，並且願意在信任的人面前露出脆弱的一面。

由於你感到的憤怒更強烈、付出和接受之間愈平衡，有人假裝成受害者的時候（首先就是掠奪者），你就不會太快觸發救援機制，接著可以踏上離開之戰。我們明白備戰為何要花這麼長的時間，而且需要多大的勇氣啊！

呿！

17 因為我對世界的感受非常細膩，有時候會遭到強烈打擊

高敏感

高敏感（hypersensibilité）不同於字首「hyper」可能給人的聯想，既不是疾病、障礙，也不是疾患。高敏感是一種人格特質，雖然不是多數但也相當常見：約15到20%的人口都有高敏感特質。

高敏感的源頭

高敏感主要來自遺傳，因此家長會遺傳給孩子。然而，有時候艱難的童年會導致孩子發展出感知所處環境的特殊能力。例如，如果家長的情緒不穩定，可能有憂鬱傾向或易怒，孩子就會發展出對於這些變化的特殊注意力，解讀他人心思的能力也會增強。在這種情況下，必須清楚區分這種能力與我們在前面章節討論的各種弱點：如果最多只有高敏感，那就不需要治療（高敏感不是心理障礙）；反之，弱點則需要運用方法使其緩和下來。

高敏感從幼年就會表現出來：嬰兒容易受驚嚇，對聲響和周遭環境最細微的變化都很敏感。在托兒所或幼兒園等刺激強烈的環境中，孩子可能會表現出壓力大的徵兆，像是摀住耳朵待在角落，彷彿在保護自己，或是對其他孩子表現出攻擊性，只有當聲響和躁動較不強烈，孩子才會平靜下來。有些專業人士會認為這些可能是自閉症的徵兆，但事實上並非如此：孩子只是承受不了高度刺激。這種感官的高敏感也會出現在其他方面。像是這些孩子很容易覺得「標籤刺癢」；由於感官高度敏感，孩子會憤怒地拒絕某些衣物，因為他們討厭那些引起刺癢的材質，例如羊毛。他們對疼痛也非常敏感，通常嗅覺也特別發達：不需要打開鍋蓋就能知道本日菜單上有什麼料理，或是室內飄散的特有香氣，即使非常微弱，他們也能察覺到某個認識的人存在。他們偏好靜態遊戲和安靜的環境，如果是男孩，這點可能就會造成問題，因為他不像其他男孩一樣喜歡打架遊戲或是激烈的足球賽，常常和女孩待在一起。在異性相看兩厭的年紀，高敏感可能會招來嘲笑，甚至騷擾。有些人會讓老師擔心，因為比起操場，這些男孩下課時更喜歡去圖書館。

除了感官高度敏感，還有情緒高度敏感。高敏感孩子的同理心很強，能夠察覺周遭人們的情緒和心思，他們常常遭到他人情緒的感染，當整體氣氛不好時，可能會對他們造成傷害。想對他們隱瞞任何事是不可能的，這讓一些成年人很不自在。孩子的同理心使他們做出利他行為，因為他人的痛苦會觸動他們，而他們很難忍受生活在緊張或悲傷的氣氛裡，所以整體氛圍會大大影響他們。他們的依附感很深，在孩子之間容易說出「我跟你絕交了」的年紀，這會導致強烈的情緒，而他們的朋友並不理解這點。同儕對他們會有「怪人」的印象，因而招來許多騷擾。最後，高敏感會導致他們帶著信念強力動員起來，尤其是在青春期，但有時候更早發生，因為他們了解到所有重大問題的原因：衝突、戰爭、環保問題、動物福利、貧窮、無家者、童工……。這些孩子的痛苦可能相當強烈，因為他們感覺身處的世界冷漠又不公正，甚至麻木不仁。

高敏感是一種情感特質而非認知特質，不過在早年就會影響到兒童的思維，然後是青少年時期，孩子會努力理解這個世界，而大多數的人似乎不像他如此敏銳，對接收到的訊息有所反應。很快地，他會問自己千百個問題，並且在任何可能有答案的地方尋找答案，可能在早年就引導他走向哲學、心理學、歷史和其他所有能夠幫助他理解這個無法捉摸世界的學科，他感覺自己在這個世界上永遠格格不入。

最後，這股格格不入的感受可能導致孩子發展出一個虛構的人格，以便讓自己感覺融入，心理學稱之為「虛假的人格」（faux self）。有時候，他甚至會忘記自己的原本面貌，只感到一股難以言說隱微的不安。

另一方面，若孩子有家長陪伴，教導他接納自己、幫助他經歷這些強烈的情緒、培養他的藝術感和美感、支持他的創造力（通常很強大），並且當孩子有機會在同樣擁有高敏感特質的人之間成長時，他可以成為均衡、發展良好、開明慷慨的人，能夠從生活中最微不足道的小事中看見驚喜，令他熱愛生命，帶來快樂。我記得一名女性患者，她看見我的黃色鞋子時開心得不得了，然後告訴我這絕對她今天最美好的事……《第一口啤酒的滋味》（*La Première Gorgée de bière*）無疑是高敏感的著作[1]。

然而，若童年過得不順利，高敏感反而會令孩子更容易受到稍早提及的傷害和困擾影響，因為逆境帶來的衝擊會更強烈。

高敏感在成年生活中的表現

當成年人在閱讀或心理支持的過程中了解到自己的高敏感時，第一時間往往會不知所措，然後會以新的理解方式重新檢視自己的生命。這讓他能夠理解自己與他人格格不入的感受，並確定這不是精神疾病，而是一種機能的特殊性。然而，不能將人格簡化成這項特質，如同我們前面看過的，其他特殊性是多少有點痛苦的過往造成的。不應只看見高敏感，而忽略其他弱點，否則將無法走在處境好轉的正道上。

身為高敏感的成年人，你和高敏感的童年時期一樣，對周遭環境與變化的感知更細微也更強烈。被挪動的家具、些許的打蠟氣味、一陣不尋常的聲響：無論好壞，你會察覺到一切。到充斥背景音樂、人擠人的大型購物中心購物，對你而言是一場真正的考驗。氣氛舒服時，你會比其他人更享受，但要是光線太刺眼、色彩太炫目或是鄰居太吵鬧，對你而言都是折磨；在昏沉和疲勞之間，你實在很難無視這些感官刺激……。

你對身體發出的訊號特別敏銳：你會擔心體內的微小變化，為此，你會盡快就醫，有時候令醫生感到困惑或懷疑。然而你並沒有疑病症：如果你放心了，理解身體沒有什麼大問題就不會繼續擔心，疑病症者則不同，即使沒有任何證據表示有疾病存在，他們還是會持續認為自己的身體出問題。同樣的，你也會察覺到他人的細微變化，並當面提醒他們注意健康，有時這樣做是正確的。

你的情緒生活很激烈，因為你能細膩且強烈地感知他人的情緒，並難以忍受緊張或有敵意的氛圍。你就像一塊海綿吸收這些情感，很難保護自己不受影響：一如物質環境的刺激，你無法完全避免，因此很快就讓你不堪負荷。所以即使會讓自己疲憊不堪，你通常也會盡一切努力改善事態。

同樣的，你對品味低劣的笑話、傷人的話語、有點強烈的玩笑很敏感（對你和對他人皆然），對敏感度正常的人來說或許顯得很有趣，你的敏感可能會招來嘲笑、被指責缺乏幽默感。這可能會導致社交焦慮，讓你不願意或擔心和不認識的人相處，或也可能是你太了解的

1 菲利普・德朗（Philippe Delerm），《第一口啤酒的滋味》（*La Première Goregée de bière*），巴黎，L'Arpenteur，1998。

人，像是陰鬱或愛開所謂「無害」玩笑的人。這些環境都讓你疲憊，然而和每個人一樣，你在疲憊的時候會較難克制情緒：你可能會把情緒表達出來，因而更加深對你不利的負面批評（真實或你自己假設的批評，你可能會將自己的隔閡感投射到他人身上）。

然而你的情緒生活並非都是不愉快的事，由於你對美好的事物極為敏銳，即便是最微小的事物也是如此，以及強大的欣賞能力，能夠常常讓你感到喜悅，有時候甚至讓你非常開心。大部分的時候，高敏感人都是快樂的人。

雖然你容易受到情緒感染，但你也會展現強大的同理能力：你會直覺地理解對方發生了什麼事。這點令你展現利他精神，有時候卻會對自己有害，也讓你疲憊不堪。我對痛苦、不公義很敏感，可能會起而行以撥亂反正，令自己受苦也在所不惜。這種同理心讓你的人際技巧相當高超：例如，你特別能察覺到言語和態度之間的落差。如果沒有被自己的情緒壓垮，這種高超的人際手腕能讓你獲益良多。

你強烈的情緒生活會給人不穩定的印象，有時會被懷疑是疾病的表現，例如躁鬱症，但完全不是這麼回事。躁鬱症是一種情感障礙，情緒會持續很長的時間，而且需要治療才能恢復正常；（躁症或鬱症）的發作原因通常並不明確。在你身上則恰好相反，情緒的變化僅持續幾分鐘，比情感障礙短得多，而且永遠是出於對環境變化的反應。

你對變化很敏感，甚至過度敏感，大量刺激會導致強烈的感知、疲勞，甚至心力交瘁。

相反的，當環境舒適而且可預期時，你就能讓身心充電，恢復平衡。

你對美感很敏銳，各式各樣的藝術、美麗與和諧帶給你許多喜悅和幸福。你通常很有創造力，無論你是音樂家、藝術家、舞者還是出色的廚師，甚至也是衣櫃收納大師，處處皆能施展創造力。和諧就是你的幸福。

最後，在愛情和友誼中，只要證明可以信任對方，你就會表現出正直、熱情、關心他人、慷慨和細膩。你會全心全意，以敏銳和情感體驗這段關係中無論好壞的每一刻：你在愛情中非常專情、極為熱情，失望和分手也會對你造成極為強烈的痛苦。高敏感並不是情感依賴，情感依賴的人無法忍受孤單一人的念頭，會盡其所能避免孤單；對你而言，即使一段關係的結束會讓你深受痛苦，但你卻能夠獨處。你甚至決定要維持孤獨，以免再次經歷一段關係的高潮迭起與分手的狂亂……。

高敏感者在男女之間的分布似乎相當平均，女性的情緒表達卻比較容易被接受（男人就是要堅強，不可以哭）。為了保持社會接受的形象，冷漠疏離的虛假自我在男性中更常見。

最後，面對所有這些感知和情緒，你經常問自己成千上萬的問題，而你似乎無法停止思考感知到的事物。你永遠活躍的思想往往非常特別，甚至很有創意，你的思想會帶領你，把一般人視為毫不相關的事物串起來。你的高敏感是一種感知和情緒特質，而非認知特質，然而高敏感會讓你的思考極度活躍，能夠處理觸及你的超量資訊。

掠奪者如何利用高敏感

誘惑階段

你的高敏感對掠奪者而言是天上掉下來的禮物。他會吸取你的慷慨、享受你的關注（令人陶醉！），而你會體貼地不弄碎他那誇張脆弱的自戀，靠他的受害者角色獲得同情，無須開口就能得到幫助、在精心打造的舒適環境中備受呵護。為了躲過你的敏銳天線（你是高敏感，但你可不會通靈，無法看見或無法理解眼前所見的事物），他必須打安全牌。

為了回應你，他也會假裝體貼入微，會注意用一些貼心的舉動取悅你，由於你對任何小事都欣賞有加，一束野花、端到床邊的咖啡或可頌就足夠了，不需要花大錢，因為你很容易滿足，真是太方便了。他會帶你帶來富有美感的情緒（晚間的歌劇院表演、美術館的展覽、在大自然或舊城區散步……），而他會假裝和你有一樣的驚喜。他絕對不會貶低你的情緒，反而會裝作欣賞你的心思細膩，總是尊重且深受感動地宣稱自己理解你。

當一些不協調的事物打擾美好的和諧時（你一定會察覺到，畢竟幾乎沒有什麼能逃過的你感官），掠奪者會大肆哀嘆，而你會運用你的同理心和理解他人的能力原諒干擾感官的事，然後一笑置之。你無法想像，至少在很長一段時間內，眼前這個顯得和你一樣纖細的人，竟然有如此高超的偽裝能力，而且還刻意要傷害你。

由於你認為遇見了終身伴侶，終於出現一個理解、尊重你的敏感，並和你同樣敏感的對象（太少見了），你已經準備好進入認真的關係，毫無保留地付出真心和內在的寶庫。掠奪者不費吹灰之力就困住你。

破壞階段

要破壞你的高度敏感並不難，畢竟什麼都能觸動你。如果掠奪者一開始珍視你的見解和情緒，他現在則會對此大肆評論和貶低。由於你的反應，你在他眼中變得難搞、討人厭又愚蠢，他會翻白眼、不以為然地聳肩、嘲笑、羞辱你。不知所措的你不再知道該如何是好，而且投入這段關係等於把所有關於你特質的關鍵交給掠奪者，他太清楚何時何地該攻擊你，以讓你有所反應。

你百思不得其解，試圖捕捉和整理察覺到的所有訊息，由於和他人的落差，你常常對自己的缺乏信心，很快便認為如果關係出問題，那一定是你的行為或反應出錯了。大家不是都說，伴侶之間如果出現問題，那雙方都有責任嗎？你不明白的是，在這個情況中，你的責任正是在於過度接受質疑和留下來。掠奪者要搞推卸譴責並不難，讓你成為最理想的精神垃圾桶。他會把所有不順利的事情、所有他的錯誤、他的功能失調，全怪到你的頭上，而你面對這些攻擊，你心想：如果他說的是真的呢？

我們已經知道，你很容易疲倦，在疲憊的時候很難克制自己：掠奪者會用一切刺激轟炸你。滔滔不絕的話語、睡眠不足、不斷侵擾你的空間和休息時間，突然登門拜訪的外人，最好是臨時起意而且不經過你的同意（你該不會不讓我見朋友吧，太自私了！）、沒完沒了的購物行程、讓人備感壓力的影片、怒氣和批評、幾小時或長達幾天的賭氣，這些全都會妨礙你休息，導致你瀕臨心力交瘁與情緒和認知混亂。一點點小事就足以激起你的強烈反應，而掠奪者輕輕鬆鬆就能讓你懷疑自己的心理健康。最後，如果你身心俱疲可能會變得憂鬱，這一次，你的心理健康就真的受到危害了。

如果你假裝想要離開掠奪者，一如慣例，他只要讓你休息，帶你到美好的感官花園稍微轉轉，裝作有同理心和愛，就能騙倒你了。

該如何走出高敏感？

此處的答案與其說是嚴格意義上的心理治療（除非在高敏感之外還有其他弱點，這並不少見），倒不如說是陪伴。這不是要矯正某種障礙，而是學習如何讓這種特質運作。

1. 意識到自身的高敏感與其運作方式

關於高敏感的資源多不勝數：有影片、書籍等等。由於這個主題現在蔚為風潮，談論者有時會發表不可靠的言論，因此要從海量資源中挑出優質的資料，而許多作者的著作帶來扎實且有科學根據的知識。了解高敏感產生的作用（這是一種特質，不是異常）與其如何運作，能讓你擺脫貶低感和自我懷疑、修復受到嚴重打擊而變得脆弱的自尊。你要運用新接觸的閱讀內容，篩選所有浮現的記憶，這些記憶會慢慢浮現，你的記憶因為情緒與認知混亂而顛三倒四，因此記憶不會一口氣按照順序出現。一開始，這片景象像馬賽克一樣東拼西湊：你遭遇到的情境就像小瓷磚一樣，一片接著一片從混亂中浮現。我只能建議把所有回想起來的事件寫下來，否則這些轉瞬即逝的記憶很可能消失，就像夜裡的夢境一般。你過往中某些完整片段，最後會組成一幅連貫的壁畫。你的童年、遇到掠奪者之前經歷的人生，以及控制，一切都開始出現意義。

但還是要承認掠奪者的特定特質，這絕不容易也不輕鬆，對高敏感人而言更是如此：我們看見的不是世界真正的面貌，而是我們自己的真實面貌，富有同情心的你，很難承認會有如此惡意的人，更糟糕的是，他還是刻意為之，即使這種意圖是出於無意識的動力。你和其他獵物一樣，或許會做得更多，你會一再研究以了解病態型自戀人格，然後終於接受自己無法幫助掠奪者……除非離開他，也許就能讓他自以為的全能碰壁。

2. 學會區別情緒感染和同理心

情緒感染是指任由自己被他人的情緒淹沒，不再知道情緒是誰的；情緒感染消除了自身於他人之間的界限。接下來要做的是努力終止這股不安：對於高敏感而言，由於這股不安太過強烈，以至於任何方法都顯得是好方法，連承擔不屬於自己的過錯或責任也是，只要不再感到不安都好。我們可以清楚發現這種動力是如何助長控制。同理心則不一樣，它保留了每個人的界限：我理解對方的處境，但我也意識到他的處境不屬於我。真正的同理心包含認知向度：我正在思考他人的處境。因此只要加倍注意，就能從情緒感染轉向真正的同理心：我所感覺到的，真的是我的感覺嗎？還是對方的？他發生什麼事了？我該如何理解、思考他所發生的事？

你也必須理解，即使他人過得不如意，我們也可以過得好，這既非不道德也不是自私，正好相反：在一個不讓自己受到情緒感染的人面前表現不如意，這是包容、令人安心，給人一種被理解的感受和得以釋放與表達情緒，因此能喘一口氣。這正是患者來找我諮商的目的：他們可以對我說出、表現一切，而我不會在他們面前潰堤，我的冷靜就是對他們打開一片他們終於能夠表達自我的空間；要是我崩潰了，他們就會因為害怕傷害我而什麼都不說了！

這也是對於病態型自戀人格找資料做功課的目的：透過找回自己的思緒，與對方解融合，你終於能夠看出掠奪者對你的意圖。這就是擺脫控制的正確道路。

3. 找到讓自己休息的方法

你已經心力交瘁，因此沒有太多方法：你很容易落入各種陷阱，連最粗糙的陷阱也不例外，然後因為心思細膩的反應而遭到冷嘲熱諷。你的當務之急就是找到可以休息的方法。如果和掠奪者住在一起，那你必須找到可以無所事事的時間和空間（人們常常小看無所事事和發呆的時間）並且保持獨處，遠離所有他人的請求、感官刺激等等。你也必須打造電話和網路不通的環境，這些新的資訊和通訊方式都會造成騷擾。

首先，為了讓自己歸零，或是盡量歸零，最好讓自己與世隔絕一個星期或更久，去水療中心、獨自去度假、拜訪年邁的阿姨（不會過問太多，還會端出蘋果派）或朋友（和阿姨一樣不多嘴又會做好吃的派）等等。散步時，就算是腦內散步，你也要注意把手機扔到一旁。你可以預期並發現掠奪者企圖侵入你的獨處，也就是各種讓你無法休息的手段。

接著，你必須和自己建立定期頻繁的約會，一週一到數次，讓你可以恢復力氣、身心充電。當然，因為我們的思緒就像海浪停不下來，這些時刻也是你梳理對所理解情況的好機會，但不要把釐清當成目的。那一刻將會自動到來。

思緒變得明晰，再加上所有（或可能的各種）方法，時機成熟時，你就能夠找到擺脫控制和離開的動能。

4. 擺脫拯救者的姿態，學會說「不」

高敏感人和每個人一樣，都需要區分理解和贊同之間的差異。容易受到情緒感染和同理心使他們產生利他主義，然而這種利他主義並非總是有益的。助人固然是好事，但要在有人提出需求的時候出手協助，否則就會成為控制他人的高超手段並產生依賴。助人固然是好事，但不能以損害自己為代價，否則助人就成了犧牲。當然可以助人，但不要讓受苦的人感覺自己的困境變成我們的負擔，否則反而讓對方更難受。如同一名男性患者所言：「我必須把心思放在讓自己的情況好轉，但要是我可不想承受他的擔心……。」我們在容易自我否定的章節（請見250頁與後頁）中讀到這些概念，都是高敏感人常遇到這些問題。此處，意識到同理心和情緒感染的差別，將會大有助益。

因此，你將擁有所有優勢，把細膩的感知用在自己身上：你想幫助眼前這個不幸的人嗎？對方是否開口請你幫忙？回應他的要求是否能帶給你快樂？如果答案是否定的，你就必須學會讓自己說不，不要急於向對方伸出援手，要意識到你給予的協助本質是不良的、帶著控制欲、需要對方好起來，這不是希望對方好起來，而是為了止住感知到對方的不幸而帶來難以忍受的刺激。

我的母親以前常說，墓園裡躺滿不可取代的人，這是用生動的比喻強調一件事：在有需要的時候，我們永遠有多種資源可以使用。對任何困境都不斷投入一切，這是沒有效的；當你分身乏術時，退一步休息更重要。因此，掠奪者以受害者之姿的哀嘆和試圖令人愧疚，不再那麼沉重了，讓你更容易擺脫控制，並伴隨著對無法幫助他，甚至無力治癒他的心痛哀悼。確切而矛盾地說，你唯一能夠給他的幫助，就是離開他，因為這會對他的全能造成障礙：對你（和對任何人）而言，並非一切事物都有可能而且可以接受，而且和掠奪者所想的不同，他也沒有權力如此要求。就算有人很快取代了你，我們也希望這次讓他碰壁能留下些許印記。印記不可能治癒他，但或許能讓他調整自己的行為，讓一次又一次的失望減輕他在關係中的毒性，只有一點點也好。任何一點都是好的。

5. 找出相關的弱點

你向來以放大的狀態接收一切衝擊，因此你可能也保留困難童年中的強烈印記。就算對自己說「這只是高敏感」似乎很令人放心，這項特質也不該掩蓋傷害。高敏感通常不是唯一相關的解釋，而且忽視其他弱點可能導致你無法採取所有能夠擺脫痛苦、重複和控制的正道。

另一方面，了解自己擁有高敏感特質能夠讓你找到自己的長處：因各種事物而喜悅的能力、細膩的感知、人際關係的判斷力……說到底，雖然高敏感使你成為掠奪者可以恣意剝削的方便獵物，雖然高敏感放大了有毒關係的痛苦，卻也是逃離陷阱的珍貴資源，讓你對自己感知與理解的一切有信心。

結語

我們理解到，病態型自戀人格者的獵物都是美好的人，掠奪者正是基於這一點而盯上他們。我們看見掠奪者是如何成功地將獵物的優點變成缺點、把他們的力量變成弱點，在整個過程中玷污破壞一切，或是試圖這麼做。我們一次又一次地了解到，獵物需要多大的勇氣和清醒才能擺脫控制的網。控制是可怕的陷阱，不，病態型人格者的獵物不是軟弱的人，並非無可救藥的神經質（或是和大家一樣），也不是喜歡受折磨的受虐狂。都不是。

我希望，我們也能理解到逃離控制都是可以下定決心的。一旦做出這項英勇的奮鬥，就有光明的未來與救贖的意識。再一次，願所有擺脫控制枷鎖的獵物都得到應有的尊重！

附錄

這篇文章寫於另一個脈絡下，是出於對病態型自戀人格的概念濫用感到厭煩和恐懼。文章將試著介紹一些細微差異，以保持對病態型自戀人格此一嚴正判斷的意義。

不，並不是所有煩人的傢伙都是病態型自戀人格者。

病態型自戀人格概念的前景，正在朝我擔心的方向轉變，變成一種侮辱和刻板印象。很多人理解了病態型自戀人格，這是好事，因為重新思考正是擺脫控制導致的困惑的方法之一，然而有些人不明就裡，遇到討厭的人就為對方貼上病態型自戀人格的標籤。因此有必要加入少許鑑別診斷[1]。

不是只有病態型自戀人格者會產生控制關係。在臨床經驗中，我發現另外三種會產生控制關係的人格，並維持某種關聯性。

- **偏執型人格**。這種人格最常見的四種特質為：不信任、自大、心理僵化（對死板原則的固著與頑固）和錯誤判斷（以偏執方式詮釋現實）。對偏執型人格者而言，不支持他的人就是反對他：任何對他解釋的意圖都可能遭到誤解，被視為串通「陰謀」的跡象。更有甚者，偏執人格者的推論雖然合乎邏輯也前後一致，然而根本的瑕疵在於建立在錯誤前提上。

任何想要或不得不和偏執型人格者維持關係的人（前者是朋友、愛情等，後者則是工作關係……），都會發現自己有「義務」不反駁他，導致這些人做出、說出、感覺和思考對他們而言顯得怪異的事，並放棄一大部分的自己，而這就是控制關係的定義之一。

只要關係穩固（無盡的愛或仰慕），就無法免於「集體瘋狂」（délire à plusieurs）的現象，這是由二十世紀初的精神科醫師保羅・賽里厄（Paul Sérieux）和喬瑟夫・卡帕格拉（Joseph Capgras）所提出。在集體瘋狂中，一個健康的人或群體會開始堅持偏執人格者的妄想論點，就像我們在邪教組織、極端和妄想的政治運動（例如納粹德國）中見到的那樣，但也可能出現在更私人的領域，如職場，以及朋友、家庭或愛情關係裡。

● **強迫型人格**。強迫型人格會被強烈的焦慮感蠶食，他們試圖壓抑的方式包括過度控

1《病態型自戀人格者，脫下你們的面具！》。

制、井井有條、挑剔、拘泥細節、不合理的完美主義、恐新症（害怕新事物）與固執（非常固執）。任何人與強迫型人格者建立關係時，如果想避免為小事情無止盡的詭辯和爭執，遲早會被迫屈服於對方的多重固著、執著和怪癖。因此也會導致這個人放棄自己的一部分，去做出、說出與思考強迫型人格者對他的期待。一如其他情況，只要關係愈牢固（愛情、友誼、無限的仰慕），控制也就愈強。

● **被動攻擊人格。**被動攻擊者在童年時期，對於家長施加過多壓力以符合家長意願（言語或肢體暴力，以及對學業成績的過度壓力等）不得不表示反抗。童年時期，孩子無法積極反抗並表達憤怒，於是透過被動方式反抗，如「失敗」、「忘記」、「敷衍」等。成年後，這些人會重新進入同樣的系統，也就是被動抵抗。因此他們需要壓力（他們會自己創造壓力），如此才能抵抗。

被動攻擊關係的陷阱分成兩個階段。在第一階段中，被動攻擊者可能會表現得很迷人（激起與他往來或戀愛的欲望）或悲苦（激起幫助他的欲望），以便將自身的欲望（建立戀愛關係或受到幫助）轉移到對方身上。一旦對方產生這種願望，被動攻擊者就會將之視為壓力，並且開始抵抗。對方摸不著頭緒，往往開始對被動攻擊者「追著跑」，開始施加壓力，以實現被動攻擊者一開始想要的事。在這種控制關係中，我們會發現：精神混亂、執著、竭盡全力迎合想像中對方的期待（然而被動攻擊者從來沒有明確表示過）、自我否定……。

當然，接受進入控制關係的人，通常為了感覺被愛或被欣賞而願意付出昂貴的代價。他們常常認為人們不可能無條件愛他們原本的樣子，而且隨時願意盡心盡力地努力讓自己被愛。一旦辨認出控制關係，溫柔的自我接納才會是他們的出路，以及理解到，有時候獨自一人反而比糟糕的陪伴更好……。

謝詞

以下各位教父教母，在多次混亂但愉快的面晤和對談中，讓諸位讀者手中的書得以問世……。

首先，我要為我的患者致上敬意，他們不約而同地同步促成這本書的誕生：由於感覺對這個主題已經寫得夠多了，每當我快要放棄寫完這本書的時候，其中一名患者（甚至一天當中就有好幾人）會問自己對這個問題：「我為什麼會留下來？」因此，我要感謝所有信任我，向我尋求協助的人，他們在不知不覺中敦促我的寫作。

感謝我的編輯Marion Guillemet明白我想寫這本書的衝動，願意亦步亦趨地跟著我，一起完成這項共同作業；謝謝Lama Younes-Corm，對她幹練聰敏的陪伴，極為細膩、精準又簡單，把我的話變得讓讀者能夠明白易懂。我會把她的活潑加入教課用的笑話，這讓我們（通常非常辛苦）的工作得以在笑語中進行，讓幹勁和活力提升十倍。

謝謝Chloé Chauveau以精雕細琢，或者該說細針密縷的細膩心思和對語言的愛校對我的文章。以一個字詞取代另一個字詞，建議以白話代替行話改寫我的語句，讓文字和諧地舞動，令一切變得更明白。書中處處是Chloé施展的魔法。

謝謝Jocelyne和Jean-Paul Ziégler聽我為他們朗讀完整章節，在我懷疑的時候支持我，在我需要的時候毫不討好地提出批評；謝謝他們有時向我建議的想法。

謝謝Gretchen Jakub，我們的臨床經驗交流以及她的嚴格提問，敦促我進一步梳理我的答案。擁有美國和法國雙重文化背景，讓我們在臨床和疾病分類的層面上進行極為豐富的討論。告訴我「創傷連結」一詞的人正是她，這個極為明確的詞彙出自盎格魯–薩克遜心理學。

謝謝Mélanie Judeau和我進行關於認知失調的對話；她讓我萌生思考控制的過程。

謝謝我的女兒Anouk和Julie Abécassis，我將某些段落讀給她們聽時，她們的熱烈反應（「啊，沒錯，就是這樣！我有同感！」）鼓勵了我。

謝謝勒謝奈（le Chesnay）大眾銀行（Banque Populaire）那位年輕的女性員工，她非常好心地和我分享對管理共同帳戶的知識，讓我在困境的章節中能夠正確寫出相關內容。

聯絡作者：
acz.psy@gmail.com